20.- € 26.-

Gerichte und ihre Geschichte

11.03.10

COLLECTION ROLF HEYNE

Annette Epp

Gerichte und ihre Geschichte

Kulinarische Zeitreisen

Mit einem Vorwort von Dr. Martha Schad

Collection Rolf Heyne

Für meinen Mann Wolfgang und meine Kinder
Maximilian und Magdalena.

www.collection-rolf-heyne.de

ISBN 3-89910-252-2
Textredaktion von Jürgen Bolz, Friedberg
Gesetzt aus der 10/13 Punkt Stempel Garamond
Satz von Druckvorstufe Günther Herdin, München
Druck und Bindung von Ebner & Spiegel, Ulm
Printed in Germany

Inhalt

Hauptspeisen

Nachspeisen

Vorwort

Der französische Surrealist Jean Cocteau, einer der »Unsterblichen« der Académie Française in Paris, meinte einst zum Thema »Unsterblichkeit«: »Am schönsten ist es, einem guten Gericht seinen Namen gegeben zu haben. Kann es eine höhere Weihe geben? Auch wer nie etwas von Rossini gehört hat, kennt seine Tournedos; die große Sängerin Melba lebt noch heute in ihren Pfirsichen fort; und wer weiß von Fürst Pückler etwas anderes, als dass eine köstliche Eisspeise nach ihm benannt wurde?«

Soweit bis heute bekannt, stammt die früheste Benennung eines Gerichtes nach einer Person aus dem alten Ägypten. Dort taufte man ein mit Zwiebeln und gegrillten Lotosstängeln gefülltes und mit roten Lotosblättern garniertes Perlhuhn auf den Namen der Gemahlin des Pharaos Amenophis IV., der von ca. 1370 bis 1352 vor Christi Geburt herrschte: »Perlhuhn à la Nofretete«. In Rom, der Ewigen Stadt, war es zur Zeit des Kaisers Tiberius Sitte, köstliche Gerichte berühmten Zeitgenossen zu widmen. Diese Tradition wird bis heute gepflegt. Die Namen von Fürsten, Staatsmännern, Philosophen, Künstlern, Forschern oder Spitzenköchen finden sich in Kochbüchern und auf Speisekarten wieder. Wie banal klingt neben Padrenostro di Don Camillo etwa ein Gericht wie »Jägerschnitzel«.

Leider wurden bis heute noch nicht allzu viele Gerichte Frauen gewidmet, doch das kann sich ja noch ändern. Vielleicht ist es auch kein Zufall, dass Kochrezepte keinen Urheberschutz genießen. Selbst Henriette Davidis, die erfolgreichste aller Kochbuchautorinnen, die es in hundert Jahren zu einer Buchauflage von über 4 Millionen Exemplaren brachte, musste mit dieser bitteren Erkenntnis leben. Sie hielt sich für die Erfinderin der Bratkartoffeln, wurde allerdings schnell eines Besseren belehrt. Bratkartoffeln gab es schon lange vor ihrer Zeit.

Und für die Zubereitung der Speisen gibt es natürlich auch immer wieder neue Vorschläge. Vergnüglich sind gerade die Vorgaben in Gedichtform, wie etwa von Wilhelm Busch:

Der Braten

Es wird mit Recht ein guter
Braten
Gerechnet zu den guten Taten;
Und dass man ihn gehörig mache,
ist weibliche Charaktersache.
Ein braves Mädchen braucht dazu
Mal erstens reine Seelenruh' …
In Summa braucht sie Herzens-
güte,
ein sanftes Sorgen im Gemüte …
Ich weiß, dass hier ein jeder
spricht:
Ein böses Mädchen kann es nicht.
Drum hab' ich mir auch stets
gedacht
Zu Haus und anderwärts:
Wer einen guten Braten macht,
hat auch ein gutes Herz.

Eine raffinierte Soße zu kreieren und herzustellen gelingt nicht immer: »Eine gute Sauce in Vollkommenheit zu bereiten ist das Schwierigste, was es auf dem Gebiet der Kochkunst gibt. Ein Saucier bleibt ein Stümper, wenn ihm nicht Gastera, die Muse der Tafelfreuden, wohlgesinnt ist.« Das ist eine Weisheit des Juristen und leidenschaftlichen Gourmets Jean Anthelme Brillat-Savarin.

Die in diesem Büchlein gesammelten, vergnüglich zu lesenden biographischen Porträts mit ihren bezaubernden Legenden und oft wahrhaft kuriosen Anekdoten lassen erkennen, dass der jeweilige Namenspatron eine gute Empfehlung für die ihm gewidmete Speise ist, ganz gleich ob es sich um historische Persönlichkeiten oder Personen in ihrer Eigenschaft als Erfinder und Liebhaber leiblicher Genüsse handelt. So ist dieses Büchlein ein »schmackhafter« Geschichtsunterricht. Doch was ist die gelungenste Beschreibung gegen den Duft und den Geschmack eines trefflichen Gerichtes? Essen lernt man nicht aus Büchern, sondern allemal noch an der Tafel. Insofern sind die Gerichte ihren Geschichten immer noch überlegen. Essen, das bedeutet nicht nur lebensnotwendige Nahrungsaufnahme, Essen ist ein wesentlicher Bestandteil unserer Kultur. Und somit finden sich Rezepte in diesem Buch, die sich zum Nachkochen bestens eignen.

Ich wünsche Ihnen beim Lesen einen recht guten Appetit und beim Kochen viel Vergnügen.

Augsburg, im März 2005
Dr. Martha Schad

Vorspeisen & kleine Gerichte

Alexandre Dumas
(1802–1870)

Garnelensuppe à la Dumas

Der französische Schriftsteller Alexandre Dumas widmete sich mit Freuden den Themen »Essen« und »Kochen«. So überrascht es nicht, dass sein letztes Werk ein umfassendes Küchenlexikon war, das »Grand Dictionnaire de Cuisine«. Auf über 600 reich bebilderten Seiten gab er seinen Leserinnen und Lesern Tipps und Tricks rund um die Küche. Eine ganze Reihe von Rezepten, die nach Dumas benannt sind, finden noch heute regen Zuspruch, darunter auch die Garnelensuppe à la Dumas.

Bis heute gilt Dumas als ausgesprochener Vielschreiber: Aus seiner Feder flossen mehr als 300 Romane, vorwiegend Abenteuergeschichten. Die Nachfrage nach seinen Werken war teilweise so groß, dass er einen ganzen Mitarbeiterstab beschäftigte, der ihm zuarbeitete.

Alexandre Dumas wurde am 24. Juli 1802 in Villers-Cotterêts nahe der nordfranzösischen Stadt Soissons geboren. Als er drei Jahre alt war, starb sein Vater, ein General, und seine Mutter zog ihn allein groß.

Schon früh zeigte sich Alexandres Interesse an Literatur. In einer Scheune seines Elternhauses verbrachte er seine Zeit damit, Theaterstücke nachzuspielen, zu tanzen oder in Ruhe zu lesen, am liebsten Abenteuerromane aus dem 16. und 17. Jahrhundert.

Seine schriftstellerische Karriere begann Dumas eher verhalten. Nach kurzer Ausbildung wurde er Schreiber eines Rechtsanwalts.

Mit zwanzig Jahren zog er nach Paris, wo er in die Dienste des Herzogs von Orleans trat. In dieser Zeit begann er Theaterstücke zu schreiben, denen jedoch kein großer Erfolg beschieden war. Im Jahre 1829 gelang ihm dann der Durchbruch: Sein romantisches Drama »Heinrich III.« brachte ihm erste Anerkennung ein. Alsbald war der Name Alexandre Dumas in aller Munde, vor allem dank seiner historischen Romane, die als Fortsetzungsgeschichten in den französischen Zeitungen erschienen. Er verdiente in dieser Zeit sehr gut, doch pflegte er einen luxuriösen Lebensstil, der die Einnahmen schnell verschlang. Dumas liebte aufwendige Feste, große Diners und die Gesellschaft vieler Menschen. Seine Großzügigkeit war sprichwörtlich: Jeder, der zu ihm kam, egal ob Freund oder Feind, erhielt eine warme Mahlzeit. Auch wird berichtet, er habe keine seiner Mätressen ohne ein angemessenes finanzielles Polster und eine eigene kleine Wohnung zurückgelassen.

Zu den Werken, die Alexandre Dumas unsterblich machten, gehören »Die drei Musketiere«, »Der Graf von Monte Christo« und »Das Halsband der Königin«. Diese Romane und einige andere mehr wurden in nahezu hundert Sprachen übersetzt und unzählige Male verfilmt.

Sein Dasein als erfolgreicher Schriftsteller von Abenteuerromanen mag einer der Gründe gewesen sein, weshalb Dumas sich auch vom politischen Abenteurertum angezogen fühlte: Während der Februarrevolution von 1848 stand er auf den Barrikaden, und im Jahre 1860 unterstützte er Giuseppe Garibaldis Freiheitskampf für ein einiges Italien.

Am 5. Dezember 1870 starb Alexandre Dumas im Alter von 68 Jahren in Puys bei Dieppe. Doch erst im Jahre 2002 fand sein Leichnam zwischen den Sarkophagen von Victor Hugo und Émile Zola im Pariser Ruhmestempel Panthéon eine letzte Ruhestätte.

Dumas hinterließ einen unehelichen Sohn, der sich ebenfalls einen Namen als Schriftsteller machte: Alexandre Dumas der Jüngere, der zwar nicht den Weltruhm seines Vaters erlangte, mit seinem Roman »Die Kameliendame« aber ebenfalls Eingang in die Annalen der Literatur fand.

Garnelensuppe à la Dumas

Zutaten:

500 g frische Garnelen in der Schale
1/2 EL Salz
1 kräftige Prise Pfeffer
1 TL Thymian
1 Nelke
1 Lorbeerblatt
250 ml trockener Weißwein
2 EL Maismehl (Mondamin)
2 Eigelb
100 ml Sahne
1 Prise Safran

Zubereitung:

Die Garnelen schälen und den dunklen Darmfaden entfernen.

In einem Topf drei Viertelliter Wasser mit dem Salz, Pfeffer, Thymian, der Nelke und dem Lorbeerblatt zum Kochen bringen. In dem Sud die Garnelen blanchieren. Die Garnelen herausnehmen, sehr fein zerkleinern oder pürieren und wieder in den Sud geben. Den Wein zugießen. Das Maismehl mit etwas Wasser verrühren und zum Andicken in die Suppe geben. Aufkochen lassen und vom Herd nehmen.

Die Eigelbe mit der Sahne mischen und in die Suppe rühren. Mit Safran abschmecken.

Die Suppe sehr heiß servieren und nach Belieben kleine geröstete Brotwürfel dazu reichen.

Jeanne-Antoinette Poisson, Marquise de Pompadour (1721–1764)

Consommé à la Pompadour

Groß, aber nicht zu groß für eine Frau, herrlich gewachsen, hatte sie ein rundes Gesicht, regelmäßig in jedem Zug. Teint, Hände und Arme waren wunderschön, die Augen eher klein, aber von so viel Glanz und Geist und Feuer, wie ich bei Frauen nie gesehen habe. Nichts an ihr war eckig, alle Formen, jede Bewegung abgerundet. Sämtliche Damen bei Hof, unter denen manche sehr schön waren, stellte sie in den Schatten.« So beschrieb Dufort de Cheverny die Marquise de Pompadour nach einem Empfang am Hofe König Ludwigs XV.

Jeanne-Antoinette kam als Tochter des Stallmeisters und späteren Heereslieferanten François Poisson und der Madeleine de la Motte am 29. Dezember 1721 in Paris zur Welt. Bis zu ihrem zehnten Lebensjahr wurde sie in einem Ursulinen-Kloster in Poissy erzogen. Der reiche Geliebte ihrer Mutter, der Generalpächter Le Normant de Tournehem, unterstützte Mutter und Tochter finanziell, so dass die junge Jeanne-Antoinette durch Privatlehrer eine ausgezeichnete Erziehung erhielt. Im Alter von knapp zwanzig Jahren wurde sie mit dem Untergeneralpächter Charles Le Normant d' Etoiles vermählt. Die Ehe war nur von kurzer Dauer, nach fünf Jahren schon wurde sie geschieden. Ein Grund war sicher Jeanne-Antoinettes Ehrgeiz: Sie fühlte sich zu Höherem berufen, vor allem, nachdem sie auf einem Ball im Jahre 1745 König Ludwig XV. kennen gelernt hatte. Der Monarch war von der Schönheit der jungen Frau mehr als angetan und machte sie zu seiner Mätresse. Er erhob sie als Marquise de Pompadour in den Adelsstand. Sie war die erste Bürgerliche, die den Titel »Maitresse en titre« führte und auf Schloss Versailles einzog. Rund zwanzig Jahre lang sollte sie eine entscheidende Rolle am Hof spielen, obwohl die Liebesbeziehung zum König nur sechs Jahre andauerte.

Mit ihrer Präsenz änderte sich bei Hofe einiges. Der König, dafür bekannt, ein oberflächliches, phlegmatisches und eintöniges Leben zu führen, hatte plötzlich eine lebenslustige, schöne junge Frau an seiner Seite. Sie lud zu Festen und Empfängen und führte ihn in die Welt des Theaters, der Literatur und der Malerei ein. Nach nur wenigen Jahren gab die Marquise de Pompadour den »bon ton« in Versailles vor und war maßgebend in allen Fragen der Lebensführung. König Ludwig XV. dankte es ihr, indem er die von ihr geliebte Welt der Kunst und Kultur großzügig unterstützte. Auch die Pompadour wurde mit Geschenken überhäuft, so bekam sie unter anderem das Dorf Sèvres geschenkt. Mit großem Engagement entstand dort unter ihrer Regie die berühmte Porzellanmanufaktur – bekannt sind die Farben »Bleu du Roi«, »Rose Pompadour« und »Apfelgrün«.

Als die Pompadour nach einigen Jahren bei Hofe merkte, dass der König mehr und mehr Verlangen nach jungen Mädchen hatte, ließ sie kurzerhand den so genannten »Hirschpark« errichten: ein Schloss innerhalb des weitläufigen Areals von Versailles, das die Pompadour mit jungen Liebesmädchen ausstattete. Von ihnen wusste sie, dass sie ihr niemals gefährlich werden konnten. Aus jener Zeit stammt folgender Satz von ihr: »Die Liebe eines Mannes wird im Bett gewonnen und bei Tisch erhalten.« So widmete sie sich der Kochkunst, und auch damit hatte sie bei Ludwig Erfolg. Er war so begeistert von ihrer Küche, dass er sich von seinem Hofkoch das Kochen beibringen ließ.

Wenn die Pompadour kochte, standen die königlichen Freunde Schlange für eine Einladung. Berühmt geworden ist aus dieser Zeit die Consommé à la Pompadour, die noch heute in der ursprünglichen Form zubereitet wird.

Die Pompadour gab aber nicht nur in der Küche den Ton an, sondern auch an den Kabinettstischen. Unter anderem förderte sie 1756 das Bündnis Frankreichs mit Österreich. Dies hatte die Umkehrung des europäischen Bündnissystems zur Folge und trug zum Siebenjährigen Krieg bei.

Die Pompadour konnte die Liebe und Anerkennung des Königs dank ihrer herzlichen Art über viele Jahre hinweg bis zu ihrem Tod bewahren. Kurz vor ihrem Tod schrieb Ludwig XV. in einem Brief an seinen Schwiegersohn: »Ich habe Angst, dass es bald mit ihr zu Ende geht. Dann endet auch eine Freundschaft, die so felsenfest fast zwanzig Jahre bestand, dass ich dafür immer nur danken kann. Allein, Gottes Willen muss ich mich fügen.« Die Pompadour starb am 15. April 1764 an Schwindsucht.

Consommé à la Pompadour

ZUTATEN:

2 EL Olivenöl
1 küchenfertiges Suppenhuhn
250 g mageres Rindfleisch
3 Möhren, grob zerkleinert
1 Stange Porree, grob zerkleinert
Salz, 1 Eiweiß
Weißer Pfeffer aus der Mühle
1 Eigelb
2–3 EL Sahne oder Crème fraîche
1 zarte Stange Staudensellerie, in Julienne-Streifen geschnitten
1/8 l Champagner
8 Krebsschwänze
1 kleine Trüffel

ZUBEREITUNG:

Das Öl in einer Pfanne erhitzen und darin das Huhn rundum leicht bräunen. Herausnehmen und in einen großen Suppentopf geben. Rindfleisch, Möhren, Porree sowie eine kräftige Prise Salz hinzufügen und so viel kaltes Wasser zugießen, dass alles gut bedeckt ist. Zum Kochen bringen, dabei den aufsteigenden Schaum abschöpfen. Die Hitze verringern und das Ganze 1 bis 1,5 Stunden köcheln lassen, bis sich das Geflügelfleisch leicht von den Knochen lösen lässt. Das Fleisch herausnehmen und abkühlen lassen.

Die Brühe durch ein Sieb abgießen, mit dem Eiweiß klären und durch ein Leinentuch in einen sauberen Topf filtern.

Für die Klößchen das Hühnerfleisch von den Knochen lösen und zusammen mit dem Rindfleisch pürieren (am besten durch den Fleischwolf drehen). Die Farce mit Pfeffer würzen, das Eigelb gründlich untermengen und mit etwas Sahne binden. Mit einem Teelöffel Klößchen abstechen und diese zum Durchgaren in die siedende Brühe geben.

100 Milliliter von der Brühe in einen kleinen Topf geben, zum Kochen bringen und darin den Sellerie blanchieren (eventuell noch etwas kochendes Wasser zugießen).

Den Champagner erhitzen und darin die Krebsschwänze ein paar Minuten gar ziehen lassen.

Die sehr heiße Consommé in vorgewärmte Suppentassen geben. Etwas Sellerie-Julienne, jeweils 2 Krebsschwänze und ein paar auf dem Trüffelhobel abgezogene Trüffelspäne hinzufügen.

TIPP: Man kann für die Sellerie-Julienne auch sehr zarten, jungen Knollensellerie verwenden. Die dicken gelagerten Knollen schmecken in einer Consommé nicht so gut.

Rembrandt Harmenszoon van Rijn
(1606–1669)

Rembrandt-Suppe

Über 600 Gemälde, 300 Radierungen und 2000 Zeichnungen hinterließ Rembrandt der Nachwelt, als er 1669 starb. Fast 200 Jahre gingen ins Land, bis man Mitte des 19. Jahrhunderts die Bedeutung seines Schaffens gebührend würdigte. Heute gilt Rembrandt als der bedeutendste niederländische Maler des 17. Jahrhunderts.

Der geniale Künstler kam am 15. Juli 1606 in Leiden zur Welt – als achtes von neun Kindern eines Müllers und einer Bäckerstochter. Er besuchte die streng calvinistische Lateinschule in Leiden und begann ein Philosophie-Studium an der Universität. Doch schon nach kurzer Zeit kehrte er der gelehrten Welt den Rücken und beschloss, Maler zu werden. In Leiden und Amsterdam ließ er sich ausbilden, unter anderem von Jacob Isaak van Swanenburgh und Pieter Lastmann. Mit neunzehn Jahren wagte Rembrandt den Schritt in die Selbstständigkeit: Zusammen mit Jan Lievens gründete er in Leiden eine Ateliergemeinschaft. Die Bekanntschaft mit dem Kunsthändler Hendrick van Uylenburgh stellte die Weichen für seinen weiteren Lebensweg: 1631 zog er in das Haus der Familie van Uylenburgh in Amsterdam. Hier lernte er Saskia, Hendricks wohlhabende Nichte, kennen. Die Tochter eines Patriziers verliebte sich in den Maler, und die beiden heirateten am 2. Juli 1634.

Auf diese Weise erhielt Rembrandt Zugang zu den besseren Kreisen der Gesellschaft. Sein Renommee als Künstler wuchs. In dieser glücklichen und erfolgreichen Phase begann er seine Werke mit dem Vornamen zu signieren.

Er widmete sich nun intensiv der Porträtmalerei und galt binnen kurzem als gefragtester Porträtist von Amsterdam. Zwei Jahre lang verlief Rembrandts Leben in ruhigen Bahnen. Dann starb Anfang 1636 das älteste Kind, Sohn Rumbertus – eine Zeit harter Prüfungen nahm damit ihren Anfang, denn schon 1638 folgte das zweite Kind, die kleine Cornelia. 1640 wurde das dritte Kind geboren, ein Mädchen, das ebenfalls auf den Namen Cornelia getauft wurde – und schon nach wenigen Wochen verschied. Im gleichen Jahr starb auch Rembrandts Mutter.

Das Jahr 1641 brachte endlich einen Lichtblick: Das vierte Kind, der kleine Titus, wurde geboren und gedieh prächtig. Doch neun Monate nach dessen Geburt traf die Familie der nächste Schicksalsschlag: Rembrandts geliebte Ehefrau schloss für immer die Augen.

Der Künstler versuchte in den folgenden Jahren, seinem Leben Halt und Stetigkeit zu geben. Er unterhielt eine mehrjährige Beziehung zu dem Kindermädchen Geertghe Dircx und verliebte sich in Hendrickje Stoffels. Tochter Cornelia war die Frucht dieser Liebe. Rembrandt, der einen verschwenderischen Lebensstil pflegte, ein schlechter Geschäftsmann war und mit Geld nicht umzugehen wusste, musste 1656 den Offenbarungseid leisten. Er konnte seine Schulden nicht mehr begleichen und meldete Konkurs an. Sein Hab und Gut samt aller Gemälde wurde versteigert.

Während dieser Zeit entstand eine Reihe von Gemälden, die ihn unsterblich machten, unter anderem der »Der Mann mit dem Goldhelm«.

1660 gründete Hendrickje zusammen mit Rembrandts Sohn Titus einen Kunsthandel. Rembrandt arbeitete fortan als Angestellter seines Sohnes, der den Verkauf der väterlichen Gemälde in die Hand nahm. Doch auch dieser Lebensabschnitt währte nicht lange: 1663 starb Hendrickje, 1668 Titus. Trauernd zog sich Rembrandt zurück und starb völlig vereinsamt am 4. Oktober 1669. Ein namenloser Koch, der die Werke Rembrandts sehr schätzte, widmete dem begnadeten Maler die »Rembrandt-Suppe«.

Rembrandt-Suppe

Zutaten:

200 g frische grüne Erbsen
Salz
1/4 l süße Sahne
3/4 l Geflügelbrühe
200 g gekochtes Hühnerbrustfleisch

Zubereitung:

Die Erbsen in leicht gesalzenem Wasser weich kochen, durch ein Sieb streichen und mit der Sahne mischen.

Die Brühe zum Kochen bringen und die Erbsen-Sahne-Mischung langsam, unter ständigem Rühren einlaufen lassen, bis eine cremige Suppe entsteht.

Das Hühnerfleisch in sehr feine Streifen schneiden und kurz vor dem Servieren zum Erwärmen in die fertige Suppe geben.

Die Suppe sehr heiß servieren.

Sir Benjamin Thompson, Graf von Rumford
(1753–1814)

Rumford-Suppe

Thomas Jefferson, Benjamin Franklin und Graf Rumford waren die drei größten Geister, die Amerika hervorgebracht hat.« Mit diesen Worten ehrte der ehemalige amerikanische Präsident Franklin D. Roosevelt den in Amerika geborenen Benjamin Thompson – einen Mann, dem insbesondere München vieles verdankt, allem voran den »Englischen Garten«. Graf Rumford gilt auch als Urvater des bayerischen »Kartoffelknödels«, denn er war es, der die Kartoffel zwischen Alpen und Donau heimisch machte. Doch damit nicht genug: Er reorganisierte das Heereswesen, gründete Arbeitshäuser und regte die Armenspeisung mit Hilfe einer ebenso nahrhaften wie billigen Suppe an. Auch als Naturwissenschaftler machte er sich einen Namen, von Bedeutung sind seine Untersuchungen über die Entstehung von Reibungswärme.

Benjamin Thompson wurde am 26. März 1753 in North Woburn (Massachusetts / USA) geboren. Er erhielt zunächst eine kaufmännische Ausbildung bei einem Ladenbesitzer in seinem Heimatstädtchen, bevor er zum Studium der Physik auf die Universität Concord wechselte. Es folgten einige Jahre als Lehrer in Massachusetts. Thomson heiratete und gründete eine Familie, Tochter Sally erblickte das Licht der Welt. Mit 23 Jahren bekannte er sich öffentlich als Gegner der amerikanischen Unabhängigkeit, daraufhin musste er nach England fliehen. Seine Frau und die kleine Sally blieben zurück. In England machte der junge Mann bald von sich reden. Thompson erhielt eine Anstellung beim Amt für Auswärtige Angelegenheiten und wurde alsbald zum Unterstaatssekretär befördert. Zahlreiche Erfindungen brachten ihm 1784 die Erhebung in den Adelsstand durch König Georg III.

Kurze Zeit später quittierte Thompson den Dienst in England und siedelte nach Bayern über. Er trat in die Dienste des bayerischen Kurfürsten Karl Theodor und übernahm den Posten eines Kommandeurs der bayerischen Armee. In dieser Zeit ließ Thompson die Kartoffel als Grundnahrungsmittel einführen, obwohl die Knollenfrucht als giftig galt. Die Soldaten bekamen Saatkartoffeln, die sie im eigenen Garten anpflanzen sollten – ein wirksames Mittel gegen den Hunger in der Bevölkerung. Sein soziales Engagement galt nun der Armutsbekämpfung: Er ließ Volksküchen einrichten und Arbeitshäuser bauen – Maßnahmen, die viele Menschen in Lohn und Brot brachte. Aus dieser Zeit überliefert ist die so genannte »Rumford-Suppe«, die aus Kartoffeln, Perlgraupen, Erbsen, Weizenbrot und saurem Bier gekocht wurde, billig in der Herstellung war, aber durchaus nahrhaft, kräftigend und wohlschmeckend. Sie wurde zunächst an die Soldaten, später auch bei Armenspeisungen ausgegeben. Das Beispiel machte Schule: Nach und nach wurden in ganz Deutschland Armenspeisungen mit »Rumford-Suppe« eingerichtet.

In Anerkennung seiner Dienste wurde Thompson 1791 mit dem Titel »Graf von Rumford« ausgezeichnet. Rumford war der ehemalige Name des amerikanischen Städtchens Concord, in dem Thompson studiert hatte.

1792 starb Rumfords Ehefrau in den USA. Zum ersten Mal seit vielen Jahren trat er wieder in Kontakt zu seiner Tochter Sally. Vier Jahre später trafen sich die beiden in London. Gemeinsam besuchten sie München und verlebten eine unbeschwerte Zeit miteinander. 1799 nahm Graf Rumford Abschied von Bayern und kehrte nach England zurück. Doch auch dort hielt es den unsteten Wissenschaftler nicht lange, und schließlich zog er nach Paris. Hier lernte er Anna, die Witwe des Chemikers Lavoisier, kennen. Die beiden heirateten 1805, doch die Ehe verlief alles andere als glücklich. In einem Brief an seine Tochter Sally im Jahre 1808 klagte Graf Rumford: »Ich habe das Unglück, mit der herrschsüchtigsten, tyrannischsten, gefühllosesten Frau verheiratet zu sein, die es je gab, und deren Starrköpfigkeit bei der Verfolgung eines Plans nicht geringer ist als die abgrundtiefe Schlauheit und Schlechtigkeit, mit der sie ihn ausheckt. So kann es auf keinen Fall weitergehen, und wir werden uns trennen. Es wäre wirklich ein Unglück, wenn ich nicht mein eigenes Leben leben könnte, anstatt an diese grausame, verschlagene, despotische Frau gefesselt zu sein.«

Nach nur vier Jahren wurde die Ehe geschieden. Graf Rumford wagte einen Neuanfang und kaufte sich ein Haus im französischen Auteuil. Dort starb er am 21. August 1814.

Rumford-Suppe

ZUTATEN:

120 g geräucherter Speck, in dünne Scheiben geschnitten
2 große Möhren, in dicke Scheiben geschnitten
1/2 Knollensellerie, in grobe Würfel geschnitten
1 Petersilienwurzel, in Scheiben geschnitten
1 kg klein gehackte Rippenknochen vom Rind
125 g gelbe Trockenerbsen, über Nacht eingeweicht
Salz
Pfeffer
1 EL Liebstöckelpulver oder 4 EL fein zerkleinerte frische Liebstöckelblätter
125 g Perlgraupen
2 Eiweiß, leicht verquirlt (nach Belieben)
500 g mehlige Kartoffeln
4 EL fein zerkleinerte frische Petersilie

ZUBEREITUNG:

In einem großen Suppentopf den Speck auslassen und darin die Möhren, den Sellerie und die Petersilienwurzel anschwitzen. Die Knochen hinzufügen und anbräunen. Die Erbsen zugeben und so viel Wasser zugießen, dass alles gut bedeckt ist. Mit Salz, Pfeffer und Liebstöckel würzen. Zum Kochen bringen, dann die Hitze verringern und das Ganze 3 bis 4 Stunden köcheln lassen, bis eine kräftige Knochenbrühe entstanden ist. Zwischendurch den aufsteigenden Schaum abschöpfen.

Inzwischen die Perlgraupen nach Anweisung auf der Packung weich garen, abgießen und mit heißem Wasser abspülen.
Die Knochen und den Speck aus der Brühe nehmen. Die Brühe durch ein Sieb gießen. Das Sieb auf einen anderen Topf setzen und das Wurzelgemüse mit den Erbsen und die Perlgraupen durch das Sieb streichen.

Nach Belieben die Brühe klären; dafür das Eiweiß in die heiße Brühe geben und vorsichtig rühren, sodass die trübenden Bestandteile aufgenommen werden. Das Eiweiß herausnehmen und wegwerfen.

Etwa 1 Liter von der Brühe unter das passierte Gemüse rühren und langsam zum Kochen bringen. Inzwischen die Kartoffeln schälen, würfeln und in die Brühe geben. Das Ganze köcheln lassen, bis die Kartoffeln weich sind. Mit Salz abschmecken.

Zum Servieren die Suppe in vorgewärmte Suppentassen füllen und reichlich mit Petersilie bestreuen.

Pauline Lucca
(1841–1908)

Lucca-Augen

Nicht nur wegen ihrer unnachahmlichen Stimme und ihren schönen Augen, sondern auch wegen eines handfesten Skandals ging Pauline Lucca in die Geschichtsbücher ein. Bei einem Aufenthalt der Sängerin im Kurort Bad Ischl im Jahr 1865 traf sie zufällig mit dem preußischen Ministerpräsidenten Otto von Bismarck zusammen. Gemeinsam promenierten die beiden auf der Esplanade.

Nach einem netten Plausch kam Pauline Lucca die zur damaligen Zeit verwegene Idee, sich gemeinsam mit dem Staatsmann fotografieren zu lassen. Das Bild erschien in allen deutschen Zeitungen und sorgte für Aufregung. Denn auf dem Foto hatte Bismarck, so schien es, nur Augen für die Lucca. Bismarcks Frau verzieh ihrem Mann dieses Bild nie – sie war aber beileibe nicht die Einzige, die Anstoß daran nahm: »Höchste kirchliche Stellen bekreuzigten sich ob einer solchen Schamlosigkeit, politische Feinde bliesen zur Jagd auf des Kanzlers keuschen Ruf.« Doch Pauline Lucca hatte mit dem Bild erreicht, was sie wollte. Die bekannte Sängerin war in aller Munde.

»Ihre künstlerischen Erfolge verdankt Frau Lucca nicht so sehr ihrer Stimme oder Gesangstechnik als vielmehr der Originalität und dem fesselnden Reiz ihrer Gesamterscheinung, Eigenschaften, die manchen ihrer Darstellungen typischen Wert verliehen«, urteilte ein zeitgenössischer Künstler über Pauline Lucca.

Pauline Lucca, 1841 in Wien geboren, begann ihre Karriere im Chor der Wiener Hofoper. Bereits 1861 wurde die Künstlerin auf Lebenszeit ans Berliner Hoftheater verpflichtet. Zusammen mit ihrem Lehrer Giacomo Meyerbeer eroberte sie in den folgenden Jahren die großen Opernhäuser der Welt.

1872 erhielt sie nach einem Auftritt in New York stehende Ovationen – besonders beeindruckt waren dreißig Indianerhäuptlinge, die im vollen Kriegsschmuck erschienen waren und begeistert applaudierten.

In Europa zurück, sang die Künstlerin von 1874 bis 1889 an der Wiener Hofoper. Nach und nach zog sie sich zurück und ließ ihre Karriere ausklingen. Am 28. Februar 1908 starb Pauline Lucca im Alter von 67 Jahren in Wien.

Neben ihrer Stimme war es vor allem der Glanz ihrer Augen, der die Menschen verzauberte – ein Strahlen der besonderen Art, das nicht nur Maler verewigten, sondern auch Köche. Auf den Küchenchef des Berliner Hotels Kempinski gehen die »Lucca-Augen« zurück, eine Spezialität aus Austern, Kaviar und Tatar.

Lucca-Augen

ZUTATEN:

4 Scheiben Weißbrot
250 g Rinderhackfleisch (Tatar)
2 Eigelb
1/2 geriebene Zwiebel
Pfeffer
Salz
Worcestersauce
1 kleine Dose Kaviar
4 frische Austern, geöffnet

ZUBEREITUNG:

Das Weißbrot toasten. Das Hackfleisch mit den Eigelben und dem Zwiebelmus mischen. Mit Pfeffer, Salz und Worcestersauce würzen.

Auf jede Toastscheibe gut 1 cm dick das angemachte Hackfleisch streichen und darauf den Kaviar und je eine Auster so anrichten, dass der Eindruck eines Auges (mit Augenbraue) entsteht.

Dieses Gericht reicht man als Vorspeise oder zu einem festlichen Frühstück.

Enrico Caruso
(1873–1921)

Caruso-Salat

»Wer hat Sie gesandt? Gott?« Das soll Giacomo Puccini gesagt haben, als er Caruso zum ersten Mal hörte.

Carusos Stimme galt seinen Zeitgenossen als einzigartig – sie wurde als strahlend schön gefeiert, besaß ein lyrisches Timbre und lebte von technischer Brillanz. Diese Stimmgewalt, gepaart mit einem bemerkenswerten schauspielerischen Talent, machte Caruso zum berühmtesten Sänger seiner Zeit.

Der viel bewunderte Tenor kam am 27. Februar 1873 in Neapel zur Welt. Er war das neunzehnte von insgesamt einundzwanzig Kindern einer Handwerkerfamilie. Dieser großen Kinderschar konnten die Eltern keine Ausbildung finanzieren, Talent hin oder her. So bestanden Carusos »Lehrjahre« zunächst darin, zuzuhören. Regelmäßig besuchte er den Gesangslehrer Guglielmo Vergine und lauschte aufmerksam, wenn der Meister seine Schüler mit den Geheimnissen der Sangeskunst vertraut machte. Umsetzen konnte der kleine Enrico das Gelernte als Contralto im Kirchenchor. Guglielmo Vergine hatte das Talent Carusos indes frühzeitig erkannt und förderte ihn nach Maßen.

1894 trat Enrico Caruso erstmals in Neapel auf. Frühe Berühmtheit erlangte er 1898 in Mailand als »Loris« in der Uraufführung von Umberto Giordanos »Fedora«. Von da an ging es steil bergauf. Caruso erhielt ein Engagement an der Mailänder Scala und wurde festes Mitglied im Ensemble der Metropolitan Opera in New York.

Er sang in London und Sankt Petersburg und reiste von einem umjubelten Auftritt zum nächsten.

Bereits mit Mitte zwanzig war Caruso ein gefeierter Star. Und er war zugleich einer der ersten Künstler, dessen Stimme dank neuer technischer Erfindungen unsterblich wurde: Grammophon und Schallplatten traten in jener Zeit ihren Siegeszug um die Welt an. Aus dem Jahr 1902 datieren die ersten Tonaufnahmen von ihm, im Laufe der Jahre wurden über 250 Schallplatten mit fast 500 Titeln von ihm eingespielt.

Seine Auftritte gerieten zu Großereignissen, tausende Menschen säumten die Straßen, wenn Caruso zu seinen Auftritten fuhr. Er füllte nicht nur Opernhäuser, sondern ganze Arenen. Die Menschen lagen ihm zu Füßen, er wurde mit Ehrungen und Auszeichnungen überhäuft.

Privat fand er sein Glück bei der Sängerin Ada Giachetti. Mehr als acht Jahre lang lebte er mit ihr zusammen, allerdings ohne Trauschein. Zwei Söhne gingen aus dieser Verbindung hervor: Rodolfo und Enrico. Das Ende der Beziehung kam, als Ada mit Carusos Chauffeur durchbrannte. Nicht ohne Grund: Ada hatte genug von den Affären ihres Mannes, die in der Klatschpresse in allen Einzelheiten ausgebreitet wurden.

Nach der Trennung von seiner Frau pflegte Caruso seine Beziehung zum schönen Geschlecht durch rasch wechselnde Liebschaften. Erst Jahre später ließ er sich wieder auf eine dauerhafte Liaison ein und heiratete die wohlhabende Dorothy Park Benjamin. Drei Jahre vor seinem Tod wurde er noch einmal Vater: Die kleine Gloria wurde geboren.

Carusos Leben endete ebenso spektakulär, wie es verlaufen war: 1920 brach er auf der Bühne zusammen. Die Ärzte diagnostizierten eine nicht auskurierte Rippenfellentzündung und entschlossen sich zu einer Operation. Nach Italien zurückgekehrt, erlitt er einen schweren Rückfall und starb am 2. August 1921. Als »Stimme des 20. Jahrhunderts« wurde Enrico Caruso zur Legende.

Zeit seines Lebens bevorzugte er leichte Speisen. Verspürte er kurz vor seinem Auftritt noch Hunger, aß er gern Salate, die den Körper nicht belasteten – wie den »Caruso-Salat«.

Caruso-Salat

ZUTATEN:

4 Salatherzen
1/2 frische Ananas, in Stücke geschnitten
2 Tomaten, geachtelt
150 ml Milch
Saft einer Zitrone
1 Prise Salz
1 TL Zucker

ZUBEREITUNG:
Die Salatherzen waschen und vierteln. Den Salat mit den Ananasstücken und den Tomaten dekorativ auf Tellern anrichten.

Milch, Zitronensaft, Salz und Zucker mischen, als Dressing kurz vor dem Servieren über den Salat gießen oder separat dazu reichen.

Horatio Nelson
(1758–1805)

Muscheln am Spieß à la Nelson

Ich selbst werde mein Leben ihm, der mich erschaffen hat, widmen; möge sein Licht über meinen Bestrebungen, meinem Land zu dienen, stehen. In seine Hände gebe ich mich und der gerechten Sache, das Land zu verteidigen. Amen. Amen. Amen.«

Das war der letzte Satz, den Lord Nelson in sein Logbuch am 21. Oktober 1805 schrieb. Es war der Tag, an dem er in seine berühmteste Schlacht zog, die Seeschlacht von Trafalgar. Dieser Waffengang sollte ihn das Leben kosten, seinen Namen aber unsterblich machen.

Horatio Nelson wurde am 29. September 1758 im englischen Burnham Thorpe geboren. Er war der dritte Sohn des Pfarrers Edmund Nelson und seiner Frau Catherine Suckling. Schon früh entdeckte der junge Mann seine Liebe zur See. Bereits mit zwölf Jahren heuerte er bei der britischen Kriegsmarine an und ging unter dem Kommando seines Onkels, Kapitän Suckling, als Midshipman auf große Fahrt. Bereits mit knapp zwanzig Jahren erwarb er das Kapitänspatent.

Während eines Einsatzes in der Karibik im Jahre 1784 lernte Nelson die Witwe Francis Nisbet kennen und lieben. In England zurück, heirateten die beiden am 11. März 1787 und ließen sich in Norfolk nieder, wo sie ruhige Jahre der Zweisamkeit verbrachten. Nelson schätzte die feinfühlige Art seiner Frau Francis und genoss es, umsorgt und versorgt, vor allem aber gut bekocht zu werden – unter anderem mit »Muscheln am Spieß à la Nelson«.

Im Jahre 1793 fand das ländliche Familienidyll sein Ende. Nelson erhielt das Kommando über die »Agamemnon«. Während eines Gefechts im Mittelmeer traf ihn ein Schuss ins Gesicht, und er verlor sein rechtes Auge. Drei Jahre später wurde er beim Kampf um ein spanisches Transportschiff von einer Musketenkugel am rechten Arm verletzt – er musste vom Ellenbogen abwärts amputiert werden.

Die Verletzungen hinderten Nelson allerdings nicht daran, seine militärische Karriere fortzusetzen. 1798 besiegte er die französische Flotte in der Bucht von Abuk. Für diesen Sieg wurde Nelson mit dem Titel eines Viscount geadelt.

Irgendwann in diesen unruhigen Zeiten lernte Lord Nelson am königlichen Hof in Palermo die Frau des britischen Botschafters kennen: Lady Hamilton. Vom ersten Moment an fühlte sich der Admiral zu der jungen Dame hingezogen. Als sie mit ihrem Mann 1800 nach England zurückkehrte, folgte Nelson auf dem Fuße, und eine skandalumwitterte Liebesbeziehung nahm ihren Anfang. Ein Jahr später war Lady Hamilton von Nelson schwanger: Tochter »Horatia« erblickte 1801 das Licht der Welt – für Nelson Anlass genug, sich von seiner Frau zu trennen. Sie willigte allerdings nicht in die Scheidung ein. Auch Lady Hamilton blieb offiziell die Ehefrau von Botschafter Sir William Hamilton. Er, der 34 Jahre älter als seine Ehefrau war, tolerierte die Liebesbeziehung zu Nelson. Erst nach Hamiltons Tod im Jahre 1803 zog Lady Hamilton mit ihrem Geliebten zusammen. Sie verbrachten eine glückliche Zeit auf Nelsons Gut Merton. Aus dieser Zeit stammt ein Liebesbrief, der für 170 000 Euro bei Christie's versteigert wurde. Darin heißt es:

»Letzte Nacht habe ich nur von Dir geträumt. In einem meiner Träume wähnte ich mich an einem Tisch zwischen einer Prinzessin, die ich verabscheue, und einer anderen. Beide versuchten, mich zu verführen, und die erste wollte sich jene Freiheiten mit mir herausnehmen, die sich keine Frau dieser Welt außer Dir jemals erlaubt hat. Die Folge war, dass ich sie umgehauen habe, und im Augenblick des größten Gewühls kamst Du herein, umarmtest mich und flüstertest: Ich liebe nur Dich, mein Nelson. Ich küsste Dich leidenschaftlich, und wir genossen die Höhe der Liebe.«

Schon zwei Jahre darauf mussten die Liebenden Abschied voneinander nehmen; es war ein Abschied ohne Wiedersehen. Im Oktober 1805 stach Nelson zu seiner berühmtesten und letzten Schlacht in See: der Schlacht von Trafalgar. Am 21. Oktober besiegte er unerwartet die verbündeten französischen und spanischen Flotten. Die Briten erlangten damit die uneingeschränkte Herrschaft auf den sieben Weltmeeren, und Napoleons Versuch, Großbritannien militärisch zu besiegen, war gescheitert.

Doch Admiral Nelson bezahlte diesen Sieg teuer: Kurz nach Beginn der Kämpfe traf ihn eine Kugel, die die Lunge durchschlug und in seiner Wirbelsäule stecken blieb. Trotz der schweren Verletzung reichte seine Kraft noch bis zum Ende des Gefechtes. Als er vom Sieg der Briten erfuhr, starb er.

Muscheln am Spieß à la Nelson

ZUTATEN:

1 kg Jakobsmuscheln
Öl
Salz
Semmelbrösel
4 Scheiben Speck, in Quadrate geschnitten

FÜR DIE SAUCE:

350 g Mayonnaise
1/2 EL fein zerkleinerter frischer Kerbel
1 EL fein zerkleinerte frische Petersilie
1/2 EL fein zerkleinerter frischer Dill
6 Oliven, fein zerkleinert
1 EL Kapern
2 TL Senf

ZUBEREITUNG:

Die Muscheln öffnen. Das Muschelfleisch entnehmen, mit Öl einreiben, salzen und mit Semmelbröseln bestreuen. Dann abwechselnd die Speckstücke und die Muscheln auf Spieße stecken und bei hoher Temperatur von allen Seiten in sehr wenig Öl braten, bis der Speck an den Rändern beginnt kross zu werden.

Für die Sauce alle Zutaten gründlich mischen.

Die Spieße sehr heiß servieren und die Sauce separat dazu reichen.

Thomas Alva Edison
(1847-1931)

Hummer à la Edison

Ausgerechnet die elektrische Glühbirne machte den Namen Thomas Alva Edison unsterblich. Dabei erdachte der Tüftler mehr als 2000 Geräte und Verfahren: Auch das Telefon, der Plattenspieler und der Filmprojektor sind ohne seinen Erfindungsreichtum nicht vorstellbar. Es ist bemerkenswert, dass er für diese Lebensleistung auch kulinarisch geehrt wurde: Ein Hummergericht setzte dem genialen Technikpionier ein lukullisches Denkmal.

Thomas Alva Edison kam am 11. Februar 1847 in Milan/Ohio als siebtes Kind seiner Eltern Samuel und Nancy Edison zur Welt. Sein Vater war Getreide- und Holzhändler, seine Mutter Lehrerin.

Der kleine Thomas war schwach und kränkelnd: Er verbrachte mehr Zeit zu Hause als in der Schule; Anlass genug für seine Mutter, den Sohn vom Unterricht abzumelden und ihm das Notwendige selbst beizubringen. Bereits mit elf Jahren richtete Thomas im Keller ein Labor ein und führte naturwissenschaftliche Experimente durch. 1868 meldete er sein erstes Patent an: einen elektrischen Stimmenzähler für Versammlungen. Doch noch brachten die Erfindungen kein Geld. Im Gegenteil: Sie verschlangen Unsummen.

Mit zwölf Jahren nahm Edison einen Job als Zeitungsjunge bei der Eisenbahn an, um wenigstens etwas Geld für seine technischen Experimente zu erarbeiten. Später verdiente er seinen Lebensunterhalt als Angestellter eines Telegrafenamtes und im Büro eines

New Yorker Börsenmaklers. Wo immer er auch angestellt war: Die Freizeit gehörte seinen technischen Versuchen.

Mit der Erfindung eines verbesserten Telegraphen für den Börsenbetrieb gelang Edison im Jahr 1870 endlich der finanzielle Durchbruch. Der Präsident eines großen Unternehmens kaufte ihm die Erfindung für rund 40 000 Dollar ab. Damit konnte Edison sich in Newark eine eigene elektrische Fabrik einrichten. Sechs Jahre später gründete er in Menlo Park ein Forschungslaboratorium.

Zu den Erfindungen, die den Alltag revolutionierten, zählt auch das erste öffentliche Elektrizitätswerk der Welt, das Edison für New York entwickelte. Er ließ ein unterirdisches Leitungsnetz verlegen, und nach nur wenigen Monaten konnten über 5000 Straßenlaternen mit Strom versorgt werden.

Thomas Alva Edison blieb ungeachtet aller Erfolge ehrgeizig und geschäftstüchtig. Am Ende seines Lebens zählte er zu den reichsten Männern seiner Zeit. Nach seinem Tod am 18. Oktober 1931 schaltete man ihm zu Ehren in den Vereinigten Staaten von Amerika für einige Minuten den Strom ab.

Hummer à la Edison

ZUTATEN:

2 Hummer
5 g Kümmel
Salz
Pfeffer
Scharfes Paprikapulver
20 g Butter
150 g Schlagsahne
4 Scheiben Toastbrot

ZUBEREITUNG:

Die Hummer reinigen. In einem Topf reichlich Wasser mit dem Kümmel und je einer kräftigen Prise Salz, Pfeffer und Paprikapulver zum Kochen bringen. Die Hummer hinzufügen und 6 bis 8 Minuten garen. Herausnehmen und erkalten lassen.

Die Scheren der Hummer aufschlagen und die Körper der Länge nach halbieren und jeweils den Darm entfernen. Das Fleisch herauslösen und in Scheiben schneiden.

Die Butter in einer Pfanne zerlassen und darin die Hummerscheiben leicht andünsten. Die Sahne steif schlagen und in die Pfanne geben. Mit Salz und Pfeffer abschmecken.

Zum Servieren die Toastbrotscheiben rösten und die Hummerscheiben mit etwas Sauce darauf anrichten.

Vittore Carpaccio
(um 1460–1525)

Carpaccio

Über das Leben des italienischen Malers Vittorio Carpaccio ist nur sehr wenig bekannt. Er zählt zu den wichtigsten Vertretern der venezianischen Renaissance. Der subtile Umgang mit dem Licht, vor allem in seinen Bilderzyklen über die Heiligenlegenden, wurde zu seinem Markenzeichen. Auch seine Liebe zu Rot- und Weißtönen kommt in seinen Bildern immer wieder zur Geltung. Zu seinen bedeutendsten Werken zählen Szenen aus dem Leben der heiligen Ursula und des heiligen Georg. Die vier umfangreichsten Bilderfolgen entstanden im Auftrag religiöser Laienbruderschaften, der so genannten »Scuole«. Daneben erhielt Carpaccio auch öffentliche Aufträge, so für den Dogenpalast in Venedig und eine Anzahl von Kirchen in Istrien, im Veneto und in Dalmatien. Beeinflusst waren die Werke Carpaccios von den Künstlern Giovanni und Gentile Bellini, aber auch von Antonello Da Messina.

Doch was verbindet den Renaissance-Künstler mit einem Gericht, das, so wie wir es kennen, erst im Jahre 1950 auf die Teller kam? Die Erklärung ist alles andere als nahe liegend, aber dennoch vergleichsweise einfach: 1950 machte der junge venezianische Gastronom Giuseppe Cipriani aus der Not eine Tugend: Die Geschäfte in seinem Lokal – »Harry's Bar« – liefen gut; eine seiner besten Kundinnen war die Contessa Amalia Nani Mocenigo. Eines Tages trat sie an den Tresen und bestellte nur ein Glas Wasser, an dem sie mit unglücklicher Miene nippte. Stets um das Wohl seiner

Gäste bemüht, fragte Cipriani höflich nach dem Grund ihres ungewöhnlichen Verhaltens. Die Antwort der Contessa war niederschmetternd: Der Arzt hatte ihr eine strenge Diät verordnet und den Verzehr von gekochtem Fleisch ausdrücklich verboten. Cipriani versprach zu helfen. Er erbat sich etwas Zeit und verschwand in der Küche. Als er zurückkam, servierte er der Contessa einen großen Teller, auf dem rohes Rindfleisch angerichtet war – in hauchdünnen Scheiben an einer hellen Sauce. Voller Entzücken und mit größtem Genuss verspeiste die Contessa die gesamte Portion.

Natürlich wollte sie wissen, wie denn das Gericht heiße, Cipriani zögerte keine Sekunde und antwortete: »Carpaccio.« Dabei dachte er an den Maler Carpaccio, denn just in dieser Zeit war in Venedig eine Ausstellung zu Ehren des Malers zu sehen. Vor allem die Rot- und Weiß-Töne seiner Gemälde hatten Cipriani beeindruckt. So widmete er seine neue Küchenkreation mit dem roten Rindfleisch und der hellen Sauce kurz entschlossen dem gefeierten Maler.

Das »Carpaccio« war übrigens nicht die einzige Köstlichkeit, mit der Cipriani einem Künstler die Ehre erwies. Aus seiner kleinen italienischen Bar stammt auch ein Getränk, das »Weltkarriere« machte: Cipriani liebte Pfirsiche über alles und wollte ein Getränk kreieren, das nach Pfirsich schmecken und zugleich eine belebende Wirkung entfalten sollte. Hierfür pürierte er das Fruchtfleisch weißer Pfirsiche und mischte es mit Prosecco. Heraus kam ein Cocktail, der heute buchstäblich in aller Munde ist: der »Bellini«, benannt nach Giovanni Bellini (1430–1516), dem bedeutendsten Maler der italienischen Frührenaissance.

Carpaccio mit Eichblattsalat und Tamarillos

ZUTATEN:

1 Kopf Eichblattsalat
200 g leicht angefrorenes Rinderfilet
4 vollreife Baumtomaten (Tamarillos), enthäutet und in Scheiben geschnitten
80 g geröstete Mandelblättchen

FÜR DIE VINAIGRETTE:

Salz, Pfeffer aus der Mühle
1 EL alter Aceto balsamico
1–2 EL Schalottenessig, 8 EL Olivenöl
4 kleine Schalotten, fein gewürfelt
1 Bund Schnittlauch, in feine Röllchen geschnitten

ZUBEREITUNG:

Die Blätter des Eichblattsalates ablösen, in kleine Stücke pflücken und kurz waschen. In einem Salatsieb trockenschleudern und in eine Schüssel geben.

Für die Vinaigrette Salz, Pfeffer und beide Essigsorten verrühren, bis sich das Salz gelöst hat. Dann unter weiterem Rühren das Öl zugießen. Etwa 2 Esslöffel der Vinaigrette entnehmen und damit den Eichblattsalat anmachen. Unter die restliche Vinaigrette die Schalottenwürfel und die Schnittlauchröllchen mischen.

Das Rinderfilet in hauchdünne Scheiben schneiden und zwischen zwei Gefrierbeuteln mit der glatten Seite des Fleischklopfers flachklopfen. Sofort auf vier Tellern anordnen und mit der Vinaigrette beträufeln.

Den Eichblattsalat entweder in die Mitte des Carpaccio oder auf vier separate Teller geben. Die Tomatenscheiben zwischen die Salatblätter stecken und alles mit den Mandelblättchen bestreuen.

Maximilian Oskar Bircher-Benner
(1867–1939)

Bircher-Müsli

Ich fühle mich wie ein Gras essender Nebukadnezar, der im Luftbad auf allen vieren geht ... in dem Sanatorium des Dr. Bircher, wo man um 6 Uhr aufstehen und um 9 Uhr das Licht löschen muss. Das ist hart, zu Anfang stand ich ständig mit trotzigen Entschlüssen ringend vor meinem Koffer. Aber obgleich ich mehr für Voltaire als für Jean Jacques bin, bereue ich es doch gar nicht, durchgehalten zu haben. Meine störrische Verdauung besserte sich ins Erstaunliche, Niedagewesene.«

Thomas Mann, der diese Zeilen um 1909 an seine Familie in München schrieb, war nur einer von vielen prominenten Gästen, die die Klinik »Zur lebendigen Kraft« des Schweizer Arztes Maximilian Oskar Bircher-Benner aufsuchten. Bircher–Benner hatte um die Jahrhundertwende die Naturheilkunde revolutioniert. Seine Heilmethoden fußten auf ganzheitlichen Therapien, die nicht nur frühmorgendliche Wassergüsse und Spaziergänge vorsahen, sondern auch die Ernährung durch Rohkost.

Zur damaligen Zeit kamen diese Vorstellungen von gesunder Ernährung fast einer Provokation gleich, schließlich befand man sich im Zeitalter der Hygiene: Nur gekochte Nahrung galt demnach als »gute« Nahrung.

Maximilian Oskar Bircher-Benner wurde am 22. August 1867 in Aarau in der Schweiz geboren. Sein Vater, ein Notar, verließ die Familie früh. Er wollte in Amerika dem Traum vom großen Geld nachjagen, kehrte jedoch nach Jahren tief enttäuscht und mit leeren Taschen wieder in die Schweiz zurück.

Schon als kleiner Junge interessierte sich Maximilian Oskar Bircher für die Natur, für die Menschen und ihre Gesundheit. Diese Neigung mündete in den Wunsch, Arzt zu werden. An den Universitäten Zürich, Wien, Berlin und Dresden eignete er sich das damalige Wissen über Diätetik, Ernährungslehre sowie Psychotherapie und Hypnose an. 1891 wurde er in Zürich zum Dr. med. promoviert.

Aus seiner Ehe mit der Apothekertochter Elisabeth Benner gingen zwei Söhne hervor.

Im Jahre 1893 eröffnete Bircher-Benner, wie er sich nach der Heirat nannte, ebenfalls in Zürich seine erste Praxis. Sie befand sich inmitten eines Arbeiterviertels. Er stellte entsetzt fest, wie unausgewogen und schlecht sich seine Patienten ernährten: Sie aßen zu viel Fleisch, dazu fette Saucen und Weißbrot in großen Mengen, alles scharf gewürzt und mit reichlich Wein und Kaffee hinuntergespült. Aus seinen Beobachtungen entwickelte er als »Gegengift« eine Diät auf der Grundlage pflanzlicher Rohkost. Schon bald stellten sich die ersten Erfolge dieser Therapie ein – Bircher-Benners Praxis und seine Heilmethoden ernteten Anerkennung.

Gemeinsam mit seiner Frau eröffnete der Mediziner in Zürich im Jahre 1904 das Sanatorium »Zur lebendigen Kraft« und verfeinerte seine Ernährungstherapie. Unter dem Begriff »Sonnenlicht-Nahrung« pries er im Kampf gegen diverse Krankheiten die Vorzüge von frischer pflanzlicher Kost, frischen Eiern und Milch. Gepaart mit Gartenarbeit, Spaziergängen, regelmäßigen Massagen und kalten Güssen sollten die Patienten auf diese Weise körperliche Robustheit und Widerstandskraft erlangen.

Auch die Psychologie spielte in seinen Anwendungen eine bislang nicht gekannte Rolle. So kümmerte sich Bircher-Benner persönlich in Gesprächen und während langer Kaminabende um die »Seele« seiner Patienten. Schon früh hatte er erkannt, dass seelischer sehr oft mit körperlichem Schmerz einhergeht. In einem Brief an seinen jüngeren Sohn schrieb er 1938: »Der Arzt, wie ich ihn sehe, hat es nicht nur mit dem Magen, der Leber, dem Herzen usw. zu tun, sondern mit dem Menschen, der krank zu ihm kommt ... mit all dem Negativen und mit Resten des Positiven, die oft verschüttet sind ... Wie leicht entartet der Arzt zum Mediziner.«

Hauptbestandteil des Speiseplans im Sanatorium war der von Bircher-Benner kreierte Brei bzw. das »Müesli« oder »d'Spys«, wie die Schweizer sagen. Dieses Müesli wurde ursprünglich aus Obst, Milch und geschrotetem Getreide zubereitet.

Um seine Entstehung ranken sich zwei Geschichten: Zum einen wird berichtet, die Idee habe Bircher-Benner bekommen, als er auf einer Alpe einkehrte. Dort servierte man ihm ein Gericht, das aus Nussstückchen, zerkleinertem Korn, Milch und mehrerlei Früchten bestand. Beim Genuss dieser Speise soll ihm die Idee für sein Müesli gekommen sein.

Die andere Geschichte berichtet, dass Maximilian Oskar Bircher als junger Mann schwer krank zu Bette lag und tagelang nichts gegessen hatte. Kein Arzt wusste Rat. So griff seine Mutter zu einem alten Hausrezept. Sie nahm einen Apfel, teilte ihn in mundgerechte Stücke und steckte diese ihrem kranken Sohn zwischen die Lippen. Der schob sie so lange in Mund hin und her, bis sie zu einer Art Mus geworden waren. Auf diese Weise verspeiste er den gesamten Apfel. Die Mutter wiederholte diese Prozedur mehrfach, und innerhalb kürzester Zeit war der Junge wieder auf den Beinen.

Was auch immer an diesen Geschichten wahr sein mag, das Interesse an den neuartigen Heilmethoden des Schweizer Arztes verbreitete sich weit über die Grenzen der Schweiz hinaus. Bei seinen Kollegen von der Medizin fand Bircher-Benner allerdings kaum Anklang. Sie verspotteten seine Ernährungstherapie, obwohl er damit bei Lungenkranken bemerkenswerte Erfolge verzeichnen konnte.

Maximilian Oskar Bircher-Benner starb am 24. Januar 1939 in Zürich.

Bircher-Müsli

ZUTATEN:

4 EL Haferflocken
4 EL Zitronensaft
4 EL gezuckerte Kondensmilch
200 g Äpfel
4 EL geriebene Haselnüsse oder Mandeln

ZUBEREITUNG:

Die Haferflocken über Nacht in 12 Esslöffeln kaltem Wasser einweichen, Zitronensaft und gezuckerte Kondensmilch zugeben und das Ganze zu einer glatten Sauce verrühren (eventuell noch 1 bis 2 Esslöffel Wasser hinzufügen).

Kurz vor dem Servieren die Äpfel waschen (nicht schälen) und den Stiel sowie den Blütenansatz (»Fliege«) entfernen. Die Äpfel auf der Bircher-Raffel direkt in die Sauce reiben und sofort einrühren, damit das Fruchtfleisch nicht braun wird.

Zum Servieren das Müsli auf vier kleine Schalen verteilen und je 1 Esslöffel Haselnüsse oder Mandeln darüber streuen.

John Montagu, Vierter Earl of Sandwich

(1718–1792)

Sandwich

Dass ein Mann sich dem Glücksspiel hingibt, ist nicht außergewöhnlich. Doch dass diese Leidenschaft etwas Bleibendes hervorbringt, ist äußerst selten. Von John Montagu, dem vierten Earl of Sandwich, wird ebendies erzählt.

Allabendlich frönte er seiner Spielleidenschaft. Es heißt sogar, er habe oft rund um die Uhr am Spieltisch gesessen und Karten gespielt. Das Einzige, was ihn immer wieder unterbrechen ließ, war der Hunger. Doch als er eines Nachts eine Glückssträhne hatte, wollte er das Spiel trotz des quälenden Hungers nicht aufgeben. Also bestellte er beim Kellner zwei Scheiben Roastbeef – sie sollten zwischen zwei Scheiben Weißbrot gebettet und dünn mit Mayonnaise bestrichen sein. Zudem ordnete er an, die Rinde zu entfernen und das Ganze in mundgerechte Dreiecke zu schneiden. So konnte er mit einer Hand essen und mit der anderen weiterspielen: Das »Sandwich« war geboren.

John Montagu erblickte das Licht der Welt am 13. November 1718. Seine Eltern lebten nordöstlich von Cambridge auf einem kleinen Gut in Hinchingbrooke. Der kleine John war gerade vier Jahre alt, als sein Vater starb. Es vergingen drei Jahre, in denen sich seine Mutter redlich bemühte, die Erziehung des Kindes allein zu tragen. Doch dann entschloss sie sich, den Jungen, der eigentlich mit seinen sieben Jahren noch viel zu klein war, nach Eton ins Internat zu geben. Es vergingen wiederum drei Jahre, bis die Familie Montagu der nächste Schicksalsschlag ereilte. Der Großvater war gestorben und hatte den Erben nichts hinterlassen. John Montagu war nun im Alter von zehn Jahren das Oberhaupt der Familie.

Der Titel, ohne pekuniäres Unterfutter, erschien ihm weniger wichtig. Als der vierte Earl of Sandwich sein Studium in Cambridge abgeschlossen hatte, begab er sich auf Weltreise. Länder wie Italien, Frankreich, die Türkei und Ägypten sollten seinen Wissensdurst stillen – eine Tour, die weit über das hinausging, was zur damaligen Zeit nach Abschluss des Studiums üblich war.

Montagus Begeisterung für die orientalische Welt sollte ihn nicht mehr loslassen. Er wurde der erste Vorsitzende der »Egyptian Society«. Auch die Tatsache, dass England die erste archäologische Expedition nach Griechenland unternahm, verdankt sich Sandwichs großem Engagement.

Im Jahr 1737 begegnete Montagu Dorothy Fane. Sie war die Schwester des britischen Gesandten in Italien. Nach vier Jahren gaben sich die beiden das Ja-Wort und bezogen Gut Hinchingbrooke, das bescheidene Anwesen des Earl of Sandwich. Dem Paar wurden fünf Kinder geboren, bevor die Ehe nach nur neun Jahren scheiterte. Seine Frau Dorothy, die er wohl über alles liebte, litt an schlimmen Depressionen, wurde entmündigt und schließlich in eine Irrenanstalt eingeliefert.

Im Laufe der nächsten Jahre hatte Sandwich zahlreiche Liebschaften und amouröse Abenteuer, die 1762 endeten, als Montagu auf dem Markt von Covent Garden der siebzehn Jahre alten Martha Ray begegnete. Der Earl of Sandwich verliebte sich in ihre Stimme und beschloss, das Mädchen zur Opernsängerin auszubilden. Er holte sie nach Hinchingbrooke und bezahlte Gesangsstunden bei den besten Lehrern. Danach schickte er sie nach Paris, um Französisch zu lernen.

Das Glück der beiden währte siebzehn Jahre, fünf Kinder entsprangen der Verbindung. Doch ein tragischer Vorfall zerstörte das Familienidyll. Am 7. April 1779 besuchte Martha, wie so oft, mit ihrer Gesangslehrerin das Opernhaus Covent Garden in London. Auf dem Nachhauseweg stand plötzlich ein gewisser Henry

Hackmann vor ihr. Er war ein glühender Verehrer, den sie wiederholt abgewiesen hatte. Hackmann zog eine Pistole und schoss Martha in den Kopf. Sie war sofort tot. Wenige Tage später wurde Hackmann zum Tode verurteilt und am 19. April 1779 hingerichtet.

Wie im Privatleben, so wechselten auch in Montagus Karriere als Politiker Licht und Schatten. Schon als junger Diplomat konnte er bei der Aachener Friedenskonferenz 1748 sein Verhandlungsgeschick ausspielen und England die südlichen Niederlande im Tausch gegen ein kanadisches Fort sichern. Später wurde er dreimal zum Außenminister und einmal zum Marineminister ernannt. In diesem Amt musste er seine schwerste politische Niederlage einstecken: Als »First Lord of the Admiralty« wurde er für den Verlust der amerikanischen Kolonien verantwortlich gemacht. Er trat von der politischen Bühne ab, doch dieses Ereignis verfolgte sein weiteres Leben wie ein dunkler Schatten.

Einmal noch trat Montagu aus diesem Schatten hervor: als Schirmherr der Gedächtnisfeier für Georg Friedrich Händel im Jahre 1784, die als größtes musikalisches Ereignis des 18. Jahrhunderts in die Geschichte einging. Rund 525 Musikanten spielten während der Aufführungen in Westminster Abbey, mehr als 4500 Menschen verfolgten das Konzert.

Lord Sandwich verstarb im Alter von 73 Jahren am 30. April 1792.

Sandwiches

ZUTATEN:

8 Scheiben frisches Kastenweißbrot oder Toastbrot
Butter
400 g kalter Braten, z.B. Roastbeef, Schweinebraten oder Prager Schinken
Senf
Mayonnaise
Cumberlandsauce

ZUBEREITUNG:

Die Brotscheiben mit Butter bestreichen und vier Scheiben mit den Bratenscheiben belegen. Nach Belieben den Belag mit Senf, Mayonnaise und/oder Cumberlandsauce bestreichen. Jeweils eine zweite Brotscheibe mit der Butterseite auf das Fleisch drücken, den überstehenden Belag entlang der Brotkanten abschneiden und das Brot diagonal halbieren.

Hauptspeisen

Philippina Ertz Herzog Ferdinandi
in Tyrol erste Gemahlin,

Philippine Welser
(1527–1580)

Semmeltorte Philippine Welser

Philippine war die Tochter des Augsburger Patrizierehepaares Franz und Anna Welser. Bekannt wurde sie nicht nur durch ihr Kochbuch, nach dem noch heute gekocht wird. Vor allem die unstandesgemäße, aber glückliche Ehe mit Erzherzog Ferdinand II. von Österreich machte ihren Namen weithin berühmt. Als Philippine im Jahr 1556 eine Tante auf Schloss Bresnitz in Böhmen besuchte, lernte sie ihren späteren Mann kennen. Er hatte gerade einen Feldzug hinter sich gebracht und suchte Erholung. Aus der Bekanntschaft entwickelte sich eine betörende Liebesgeschichte. Nur einige Monate später, im Januar 1557, fand die Trauung von Philippine und Ferdinand in der Burgkapelle von Bresnitz statt. Ferdinands Beichtvater Johann de Cavaleriis segnete die Ehe. Erzherzog Ferdinand II. hatte seinen Willen durchgesetzt, obwohl sein Vater, Kaiser Ferdinand I., sich gegen gegen die Verbindung mit einer zwar gebildeten, aber nicht ebenbürtigen Frau ausgesprochen hatte. So wurde Stillschweigen vereinbart: Niemand außer der Familie durfte von dieser Beziehung etwas erfahren. Als Philippine am 15. Juni 1558 ihr erstes Kind, Andreas, zur Welt brachte, legte man es vor das Burgportal, um den Schein zu wahren. Als »Findelkind« brachte man den Jungen zurück zur leiblichen Mutter, die ihn dann aufziehen durfte. Das Versteckspiel um die Ehe währte achtzehn Jahre: 1576 wurde Andreas zum Kardinal ernannt. Voraussetzung hierfür war allerdings seine »eheliche« Geburt – für Papst

Gregor XIII. Anlass, Philippine und Ferdinand von ihrem Gelübde zur Geheimhaltung der Ehe zu entbinden.

Philippine war eine äußerst beliebte Erzherzogin, eine gute Gastgeberin und hervorragende Köchin. Von ihr stammt ein Kochbuch mit über 650 Rezepten – eines davon ist die »Semeldorttem«, die in der damaligen Zeit zu Fleischgerichten gereicht wurde.

Die Rezepte der Philippine Welser erfreuen sich bis heute großer Beliebtheit. In der »Welser Kuche« in Augsburg und München wird nach dem Kochbuch der Welserin gekocht.

Weniger beachtet wird leider das Arzneibuch der Erzherzogin, das eine Zusammenstellung von medizinischen Ratschlägen sowie Aufzeichnungen zur Herstellung von Heilsalben und die Anwendung von Heilkräutern enthält. Ein einzigartiges Dokument der Volksheilkunde jener Zeit.

Ab 1570 ging es der beliebten Tiroler Landesmutter gesundheitlich nicht sehr gut. Sie hatte immer wieder mit Unterleibsbeschwerden und Fieberanfällen zu kämpfen.

Trotz zahlreicher Aufenthalte in Karlsbad verschlechterte sich ihr Zustand von Jahr zu Jahr. Am 24. April 1580 wurde sie von ihren Leiden erlöst. Ihr Mann, Ferdinand II., der sie so sehr geliebt hatte, fiel in solch tiefe Trauer, dass man auch um sein Leben bangen musste. Er ließ Philippine in der Silbernen Kapelle der Innsbrucker Hofkirche beisetzen und ein Grabmal aus weißem Marmor errichten, das die Tugenden beschwört, die Philippine am meisten schätzte: Glaubensstärke und Barmherzigkeit.

Semmeltorte Philippine Welser

ZUTATEN:

5 Eier
250 g gemahlene Mandeln
250 g Semmelbrösel
Salz, Pfeffer aus der Mühle
Butter für die Form
50 g zerlassene Butter oder zerlassenes Schmalz

ZUBEREITUNG:
Die Eier verquirlen und die Mandeln unterrühren, dann so viel Semmelbrösel unterkneten, dass ein geschmeidiger, fester Teig entsteht. Mit Salz und Pfeffer würzen.

Den Backofen auf 200 °C vorheizen.

Eine Kastenform dick mit Butter ausstreichen. Den Teig einfüllen und im vorgeheizten Ofen 40 bis 45 Minuten backen, dabei öfter die Oberfläche des Teiges mit der zerlassenen Butter bestreichen. Etwa 2 Minuten vor dem Herausnehmen die Teigoberfläche nochmals dick einstreichen und mit einer Prise Salz bestreuen. Die Garprobe mit einem Holzstäbchen machen: Es muss trocken bleiben.

Zum Servieren die warme Semmeltorte in daumendicke Scheiben schneiden.

TIPP: Die Semmeltorte wird in der Regel als Beilage gereicht, zu Fleisch- oder Wildgerichten, zu denen eine Sauce gehört.

Sophia Loren

(* 20. September 1934)

Vermicelli mit Sauce à la Sophia Loren

»Alles, was Sie hier sehen, verdanke ich den Spaghetti«, soll die Loren einst einem Journalisten geantwortet haben, der sie auf ihre üppigen Formen angesprochen hatte – ein Beweis mehr für die Schlagfertigkeit und Volksnähe des italienischen Filmstars, der als Sofia Villani Scicolone am 20. September 1934 in Rom zur Welt kam. Der Vater, Riccardo Scicolone, war zu jener Zeit mit einer anderen Frau verheiratet und hatte drei Kinder mit ihr. Seine Familie wollte er um keinen Preis verlassen, und so wuchs die kleine Sophia zusammen mit ihrer Schwester Maria bei ihrer Mutter, einer Klavierlehrerin, in Pozzuoli, einem Vorort von Neapel, auf. Armut und Hunger waren Dauergäste in der kleinen Familie. Nur die geliebte Großmutter Nonna Luisa brachte Sonnenschein in den tristen Alltag mit ihren unbeschwerten Liedern und Geschichten aus einer besseren Welt. Zumindest für kurze Zeit vergaßen die Mädchen das Elend Neapels, das wie keine andere italienische Stadt unter Bombenangriffen und Kriegszerstörungen zu leiden hatte.

Eine besondere Freude war es, wenn die kleine Sophia nach der Schule der Großmutter beim Kochen zur Hand gehen durfte. In ihrem Kochbuch schrieb Sophia Loren viele Jahre später: »Meiner Großmutter verdanke ich mein Interesse für alles Kulinarische. Sie hat mir mindestens ein Dutzend unterschiedliche Auberginen-Rezepte beigebracht … Von Nonna Luisa kenne ich auch das Geheimnis, mit einem knochigen, drittklassigen Stück Fleisch wahre Wunder zu vollbringen.«

Wahre Wunder vollbringt die Loren allerdings auch mit der Zubereitung von Pasta. Die Sauce zu den Vermicelli hat sie selbst kreiert, sie bereitet sie noch heute gerne zu.

Eigentlich wollte Sophia Scicolone Lehrerin werden, doch daraus wurde bekanntermaßen nichts. Bereits mit vierzehn Jahren nahm sie an Schönheitswettbewerben teil. Ihre Mutter hatte ihr eigens für diesen Zweck aus einem alten Vorhangstoff ein rosafarbenes Kleid genäht, die schwarzen Schuhe wurden kurzerhand mit weißer Farbe überstrichen. Sophia gewann die Konkurrenz und wurde als »Königin der Meere« nach Rom zum Casting des Filmes »Quo Vadis« eingeladen, wo sie eine Nebenrolle erhielt. Unter dem Namen »Sofia Lazzaro« spielte sie in der Folgezeit häufig kleinere Rollen als Statistin, übrigens auch in zweideutigen Filmen, die indes von ihrem späteren Ehemann Carlo Ponti allesamt aufgekauft wurden, um Skandale und Enthüllungen zu vermeiden.

Die Teilnahme an der Wahl zur Miss Rom im Jahre 1952, bei der sie den zweiten Platz gewann, war schicksalhaft für ihre weitere Karriere, denn sie begegnete dem Filmproduzenten Carlo Ponti. Dass er zwanzig Jahre älter war als sie, störte das Mädchen aus Neapel nicht. Und auch nicht die Schlagzeilen, die bald von einer skandalösen Liebesbeziehung zwischen dem Produzenten und der jungen Schauspielerin berichteten. Ponti, der verheiratet und Vater von zwei Kindern war, trennte sich von seiner Frau und heiratete Sophia im Jahr 1957. Allerdings erkannte die italienische Regierung die in Mexiko ausgesprochene Scheidung nicht an. Sophia war mit einem Mal eine »Konkubine«, und Ponti wurde wegen Bigamie angeklagt. Erst 1966 wurde die Ehe legalisiert, nachdem das Paar die französische Staatsbürgerschaft angenommen hatte. Aus der Ehe gingen zwei Söhne hervor, Carlo jr. und Edoardo.

Wie kein Zweiter prägte Carlo Ponti die Karriere seiner Ehefrau. Er verschaffte ihr die besten Schauspiellehrer und bedeutende Rollen. Und er änderte ihren Namen – fortan nannte sie sich Sophia Loren.

Der unglaubliche Aufstieg des einstmals armen Mädchens aus Neapel glich einem Märchen. Ponti und der Regisseur Vittorio de

Sica brachten sie in den Fünfziger- und Sechzigerjahren mit Filmen wie »L'oro di Napoli«, »La Ciociara«, »Boccaccio 70« und »Gestern, heute und morgen« groß heraus. Für »La Ciociara« (»Und dennoch leben sie«) erhielt sie den bisher einzigen Oscar als beste Schauspielerin in einem nicht englischsprachigen Film. Fast alle Hollywood-Stars standen mit ihr gemeinsam vor der Kamera: John Wayne, Clark Gable, Cary Grant, Charlton Heston und Paul Newman, um nur einige zu nennen. Insgesamt spielte Sophia Loren in mehr als achtzig Filmen mit. Und wer sie heute sieht, vergisst, dass sie das siebente Lebensjahrzehnt vollendet hat.

Vermicelli mit Sauce à la Sophia

ZUTATEN:

400 g Vermicelli oder Bandnudeln
Salz

FÜR DIE SAUCE:

1 Bund Petersilie
1 Knoblauchzehe
1 Zwiebel, grob zerkleinert
150 g grüne Oliven ohne Stein
30 g Sardellen
30 g Kapern
Olivenöl

ZUBEREITUNG:

Die Nudeln in reichlich Salzwasser al dente garen (Garzeit auf der Verpackung beachten). Abgießen und gut abtropfen lassen.

Die Zutaten für die Sauce – außer dem Öl – nacheinander im Mörser oder Mixer zu einem glatten Püree verarbeiten. Dann tropfenweise Öl hinzufügen, bis eine cremige Sauce entstanden ist.

Kurz vor dem Servieren 1 Esslöffel Öl in einer Pfanne erhitzen und darin die Nudeln schwenken, bis sie beginnen, goldgelb zu werden (nicht knusprig braten).

Zum Servieren die Nudeln auf vorgewärmten Tellern anrichten und die Sauce dazugeben.

Hortense de Beauharnais
(1783–1837)

Eier à la Hortense

Mit elf Jahren musste die kleine Hortense miterleben, wie ihre Eltern verhaftet wurden: Die Mutter wurde nach vier Monaten wieder freigelassen, der Vater Alexandre Vicomte de Beauharnais indes musste als Kommandant der Rheinarmee den Verlust von Mainz verantworten und wurde hingerichtet.

Hortense und ihr zwei Jahre älterer Bruder Eugène wurden zunächst in Internaten untergebracht. Hortense kam in das Institut zur Erziehung für höhere Töchter. Dort blieb sie als aufmerksames, freundliches und charmantes Mädchen in Erinnerung. Bis heute erhaltene Aufzeichnungen zeigen ihr musisches wie ihr malerisches Talent.

Es dauerte nicht lange, bis Hortenses Mutter Joséphine einen neuen Mann gefunden hatte, den sie 1796 heiratete: General Napoleon Bonaparte. Hortense liebte und verehrte ihren Stiefvater sehr, selbst als er sie 1802 zwang, seinen Bruder Louis zu heiraten. Zwei Jahre später ließ sich Napoleon zum Kaiser der Franzosen krönen. Als er 1805 das Königreich Holland ausrief, setzte er Louis als König der Niederlande ein.

Drei Söhne bekam das holländische Königspaar, das älteste Kind Napoleon Charles starb jedoch bereits im Alter von viereinhalb Jahren. Hortense fand nie Gefallen an ihrer neuen Heimat, ihre Ehe mit Louis scheiterte und wurde geschieden. Hortense zog mit ihren Söhnen nach Paris; Louis verzichtete 1810 auf den Thron und ging nach Italien.

Hortense genoss das höfische Leben in Paris, und die Nähe zum Kaiser verschaffte ihr vielfältige Kontakte zur adeligen Gesellschaft. Bald lernte Hortense den Grafen Charles de Flahaut kennen. Seinem Charme konnte sie nicht widerstehen. Ein Sohn, der spätere Herzog von Morny, ist das Zeugnis dieser Liaison.

Mit der Abdankung Napoleons musste die gesamte Familie Bonaparte Frankreich verlassen. Hortense lebte von 1817 bis 1823 in der Fuggerstadt Augsburg, wo ihr Sohn das St.-Anna-Gymnasium besuchte. Schließlich wurde ihr erlaubt, sich in der neutralen Schweiz niederzulassen. Ihr jüngster Sohn, der am 20. April 1808 geborene Louis Napoleon, der spätere Kaiser Napoleon III., begleitete sie in die Eidgenossenschaft, wo sie das Schlösschen Arenenberg erwarb. Unweit von ihr ließ sich ihr Bruder Eugen von Leuchtenberg auf Gut Sandegg nieder.

In ihrem Schloss schuf Hortense ein kulturelles Zentrum. Zusammen mit Ignaz Heinrich von Wessenberg gründete sie die »Société littéraire française de Constance«. Schriftsteller wie François René Chateaubriand, Jeanne Françoise Julie (Juliette) Récamier, Heinrich Zschokke oder Alexandre Dumas gingen bei ihr ein und aus.

Hortenses Bibliothek umfasste weit über tausend Bände, die fast ausschließlich in rotes Leder gebunden und mit einem goldenen H versehen waren.

Die einstige Königin beeindruckte indes nicht nur durch ihr literarisches Engagement. Sie liebte es auch, ihre Gäste zu bewirten. Viele Rezepte tragen noch heute ihren Nahmen – wie die »Eier à la Hortense«.

Hortense starb am 5. Oktober 1837 in ihrem Schloss Arenenberg. Bestattet wurde sie auf eigenen Wunsch neben dem Grab ihrer Mutter in der Kirche von Rueil in der Nähe von Paris.

Eier à la Hortense

ZUTATEN:

2 Tassen Reis
4 Tassen Fleischbrühe
Salz
100 g kleine Zuckererbsen
1 rote Paprikaschoten, klein gewürfelt
40 g Butter
1 EL Mehl
1/8 bis 1/4 l herber Weißwein
200 g gekochtes Hummerfleisch, klein geschnitten
200 g Champignons, feinblättrig geschnitten
4 wachsweich gekochte Eier
4 Scheiben Trüffel

ZUBEREITUNG:

Den Reis mit der Fleischbrühe, etwas Salz, den Zuckererbsen und den Paprikawürfeln zum Kochen bringen und etwa 20 Minuten ausquellen lassen.

Inzwischen für ein Ragout die Butter und das Mehl zu einer hellen Mehlschwitze anrühren und mit Wein zu einer sämigen Sauce aufgießen. Mit Salz abschmecken. Hummer und Champignons zugeben und das Ganze unter ständigem Rühren etwa 10 Minuten köcheln lassen. Die Sauce soll etwas einkochen, wird sie jedoch zu dick, bevor die Pilze weich sind, noch ein paar Tropfen Wein unterrühren.

Zum Servieren den Reis in Ringen auf vier Teller verteilen und die Reisringe mit dem Ragout füllen. Jeweils ein Ei obenauf setzen und dieses mit einer Scheibe Trüffel belegen.

Honoré de Balzac
(1799–1850)

Aal à la Balzac

Zeit seines Lebens war Honoré de Balzac damit beschäftigt, seine Schulden abzutragen, Tag und Nacht arbeitete er an seinen Romanen, um die Gläubiger zu befriedigen.

Wie konnte es so weit kommen, war Honoré doch der Sohn eines wohlhabenden Beamten?

Sein Geburtstag war der 20. Mai 1799. Schon früh mussten Honoré und seine beiden Schwestern das Elternhaus in Tours verlassen. Seine Mutter, wesentlich jünger als der Vater, hatte in ihrer Lebensplanung keinen Platz für drei Kinder vorgesehen. Der Junge verbrachte seine Kindheit deshalb zum großen Teil in einer Klosterschule. Unglücklich und von Heimweh geplagt, erlitt der kleine Honoré einen Zusammenbruch. So durfte er 1813 wieder nach Hause und besuchte fortan ein Gymnasium in Tours.

Kurz darauf zog die Familie nach Paris. Honoré musste auf Wunsch des Vaters Jura studieren. Um auch praktische Erfahrungen zu sammeln, wurde er Schreiber in der renommierten Anwaltskanzlei von Jean-Baptiste Guillonet-Merville. Diese Arbeit lieferte ihm unzählige Vorlagen für seine späteren Romane. Tagtäglich hatte er mit familiären Tragödien zu tun. Als Guillonet-Merville 1819 aus Altersgründen seine Kanzlei an Balzac übergeben wollte, lehnte dieser ab. Balzacs ehrgeizige Eltern waren entsetzt, hatten sie doch fest damit gerechnet, dass aus ihrem Sohn ein erfolgreicher Anwalt würde. Das elterliche Entsetzen verlor jegliches Maß, als

Honoré erklärte, seinen Lebensunterhalt künftig als Schriftsteller verdienen zu wollen. Nach langer Diskussion gewährte ihm sein Vater eine zweijährige Probezeit. Die finanzielle Unterstützung war allerdings äußerst gering.

Für Balzac begann eine schwere Zeit. Der Kontakt zu seiner Familie brach fast vollständig ab, und seine literarischen Anstrengungen blieben ohne Erfolg. Dazu gesellten sich einige Misserfolge, denn auch als Drucker und Verleger scheiterte Balzac kläglich. Was blieb, waren Schulden.

In dieser Lebensphase lernte er die über zwanzig Jahre ältere Madame Laure de Berny kennen und lieben. Sie gab ihm die Unterstützung und Geborgenheit, die er bei seiner Mutter entbehrt hatte.

Aus dieser Zeit stammte auch Balzacs Vorliebe für kulinarische Genüsse, denn nie zuvor hatte eine Frau mit solcher Mühe und Einfallsreichtum für ihn gekocht. Bis heute unvergessen ist ihr Aal à la Balzac.

Bis zu ihrem Tod im Jahre 1836 war Laure de Berny Balzacs mütterliche Geliebte und seine finanzielle Stütze gleichermaßen.

Endlich stellte sich bei Balzac auch der literarische Erfolg ein. Im Jahre 1829 gelang ihm mit dem Roman »Der letzte Chuan« der Durchbruch. Zu seinen weiteren Meisterwerken zählen unter anderem »Das Chagrinleder«, »Die Frau von dreißig Jahren«, »Glanz und Elend der Kurtisanen« und »Verlorene Illusionen«. Balzacs Romane erzählen menschliche Schicksale aus der Zeit um 1830, als die Gesellschaft, zerrüttet durch die Revolution, vor neuen Aufgaben und Herausforderungen stand. Milieustudien in Stadt und Land beschreiben das soziale Verhalten von Adligen und Bauern, von Geistlichen und Kurtisanen, von Bürgern, Soldaten und Verbrechern. Balzacs Hauptwerk ist die ab 1829 entstandene »La Comédie humaine«, ein monumentales Sittengemälde Frankreichs, das allerdings mit rund neunzig Romanen nur etwa zwei Drittel des geplanten Umfangs erreichte.

Nur wenige Monate vor seinem Tod überraschte Balzac seine Zeitgenossen mit einer Hochzeit: Am 14. März 1850 nahm er die polnische Gräfin Evelina Hanska-Rzewuska zur Frau. Seit über achtzehn Jahren hatten die beiden brieflichen Kontakt gehalten, sich aber nur wenige Male persönlich getroffen.

Im gleichen Jahr verschlimmerte sich Balzacs Herzleiden, das ihm seit geraumer Zeit zu schaffen machte. Am 18. August 1850 starb der Schriftsteller in Paris und wurde auf dem berühmten Friedhof Père Lachaise beigesetzt.

Aal à la Balzac

ZUTATEN:

1 Aal, 1,5 kg schwer, Salz
Pfeffer aus der Mühle, 100 g gesiebtes Mehl
1/8 l Olivenöl
500 g Tomaten, enthäutet, entkernt und gewürfelt
1 Schalotte, fein gewürfelt, 3 Knoblauchzehen, fein gewürfelt
1/4 l Bordeaux, 1/4 l Fleischbrühe
Saft von 1/2 Zitrone

ZUBEREITUNG:

Den Aal abziehen, salzen und leicht pfeffern. Den Fisch in etwa 5 cm lange Stücke schneiden und 10 Minuten ruhen lassen. Anschließend die Fischstücke gründlich in Mehl wenden (überschüssiges Mehl abschütteln).

Das Öl in einer Pfanne erhitzen und darin die Aalstücke 10 Minuten anbraten. Tomaten, Schalotten und Knoblauch hinzufügen und anschwitzen. Den Wein und die Brühe zugießen und das Ganze 20 Minuten bei geringer Hitze köcheln lassen. Die Aalstücke herausnehmen und warm halten.

Die Sauce auf etwa die Hälfte einkochen lassen und mit Zitronensaft und Pfeffer abschmecken.

Zum Servieren die Aalstücke auf vorgewärmten Tellern anrichten und mit Sauce übergießen.

Lady Hamilton
(1765–1815)

Seezunge Lady Hamilton

Sie ist schön und wohlgebaut. Hamilton, der noch immer als englischer Gesandter hier in Neapel lebt, hat ihr ein griechisch Gewandt machen lassen, das sie trefflich kleidet; dazu löst sie ihre Haare auf, nimmt ein paar Shawls und macht eine Abwechslung von Stellungen, Gebärden, Mienen, dass man zuletzt wirklich meint, man träume. In ihr findet man alle Antiken, alle schönen Profile der sizilianischen Münzen, ja den Belveder'schen Apoll selbst.«

So beschreibt Goethe Lady Hamilton, die im 18. Jahrhundert wegen ihrer Schönheit als meistporträtierte Frau galt.

In die Geschichte eingegangen ist Lady Hamilton als die Geliebte von Lord Nelson, dem Sieger der Seeschlacht von Trafalgar. Doch auch ohne diese Liebesbeziehung glich ihr Leben einem spannenden Roman.

Als Emily Lyon, Tochter eines Schmieds und einer Hausfrau, kam die spätere Lady Hamilton in ärmlichen Verhältnissen in Ness, einem kleinen Ort in der Grafschaft Cheshire, zur Welt. Nur zweieinhalb Monate nach der Geburt des Kindes starb der Vater. Mutter und Tochter zogen zu Emilys Großeltern nach Hawarden und kurze Zeit später nach London, wo die Mutter als Dienstmädchen den Lebensunterhalt für die beiden verdiente. Auch Emily schlug sich als Hausmädchen durch, bis sie bei James Graham landete. In seinem »Tempel der Gesundheit« arbeitete das Mädchen als eine

Art Tänzerin. Hier begegnete sie dem Maler George Romney, der sie so häufig wie kein anderer porträtierte.

Auch die Liaison mit Sir Harry Fetherstonehaugh fiel in ihre Zeit als »Tempeltänzerin«. Der feine Herr lud Emily auf seinen Landsitz Up Park in Sussex ein. Dort waren Diener und Hausmädchen um sie und lasen der Tochter aus einfachsten Verhältnissen alle Wünsche von den Augen ab. Emily genoss das Leben in Sussex, und die Freunde von Sir Fetherstonehaugh genossen Emily. Ihre natürliche Art, ihr Tanz und ihr Gesang machten sie zum Mittelpunkt der Gesellschaft.

Mit sechzehn Jahren lernte sie Charles Greville kennen. Der adlige Parlamentsabgeordnete beeindruckte die junge Frau über alle Maßen. Bald nach ihrer ersten Begegnung war Emily seine Geliebte. Greville bezahlte ihr teure Schauspiel-, Gesangs- und Tanzstunden. Als er in finanzielle Schwierigkeiten geriet, entschloss er sich 1784 zu einem pikanten Tauschgeschäft: Er schickte Emily zu seinem Onkel Sir William Hamilton, der das Mädchen zur Geliebten nahm und im Gegenzug dafür die Schulden seines Neffen beglich.

Für Emily erwies sich diese Fügung des Schicksals als ausgesprochener Glücksfall. Mit Hilfe Sir Hamiltons, dem britischen Botschafter in Neapel, erhielt sie Zugang zu den besten Kreisen der Gesellschaft des Königreichs Neapel und wurde eine der engsten Vertrauten von Königin Maria Carolina. Zudem sah sie sich als eine Art Mittlerin zwischen der Königin und ihrem Mann, dem britischen Botschafter. Im Jahre 1791 heiratete William Hamilton seine Liebschaft Emily Lyon. Emily war zu diesem Zeitpunkt 26 Jahre alt, Sir Hamilton bereits sechzig. Die beiden verbrachten zwei glückliche, sorgenfreie Jahre am königlichen Hof.

Das Jahr 1793 wurde zum Schicksalsjahr von Lady Hamilton, denn da trat der englische Seeheld Admiral Horatio Nelson in ihr Leben. Schon bei der ersten Begegnung funkte es zwischen den beiden. Bald war klar, dass Nelson und Emily mehr als nur Freundschaft füreinander empfanden. Das wurde spätestens bei Nelsons vierzigstem Geburtstag deutlich. Lady Hamilton hatte das Fest organisiert und über 1800 Gäste geladen.

Die Folgen ihrer intimen Beziehung zeigten sich im Jahr 1801: Lady Hamilton schenkte einer Tochter das Leben – und nannte sie Horatia, nach dem Kindsvater, Lord Horatio Nelson.

Nach dem Tod von William Hamilton im Jahre 1803 zog Lady Hamilton zu ihrem Geliebten. Sie verbrachten eine glückliche Zeit auf seinem Gut Merton. Lady Hamilton war mit Leidenschaft Hausfrau, Mutter und Köchin. Es wird erzählt, dass die Seezunge nach Art der Lady Hamilton aufgrund Admiral Nelsons Liebe zum Meer entstanden ist.

Das traute Glück währte indes nur zwei Jahre: 1805 fiel Nelson in der Schlacht von Trafalgar. Lady Hamilton erbte Gut Merton und erhielt eine Jahresrente von 500 Pfund – zu wenig für ihren ausschweifenden Lebensstil und ihre Spielleidenschaft. Im Jahre 1813 saß sie auf einem Berg von Schulden und wurde zu einem Jahr Gefängnis verurteilt. Nach ihrer Freilassung siedelte sie ins französische Calais über, wo sie einsam, arm und krank am 15. Januar 1815 starb.

Seezunge Lady Hamilton

ZUTATEN:

2 Seezungen, je 400–500 g schwer
Salz
Worcestersauce
Saft von 1 Zitrone
150 g gesiebtes Mehl
200 g Pflanzenfett
2 Bund Petersilie, fein zerkleinert

Für die Sauce:

400 g Mayonnaise
4 Eier, gewürfelt
2 El fein zerkleinerte frische Petersilie
1 EL fein zerkleinerter frischer Estragon
1 EL fein zerkleinerter frischer Kerbel
1 TL Zucker
Zitronensaft
süßer Senf

ZUBEREITUNG:

Die Seezungen enthäuten und den Kopf entfernen. Den Fisch waschen, gut trockentupfen und mit Salz, Worcestersauce und Zitronensaft würzen. Anschließend gründlich in Mehl wenden (überschüssiges Mehl abschütteln). Das Fett in einer Pfanne erhitzen und darin die Seezungen goldgelb braten.

Für die Sauce die Mayonnaise die Eier und die drei Kräuterarten gründlich mischen. Mit Zucker, Zitronensaft und süßem Senf abschmecken.

Zum Servieren die Seezungen auf vorgewärmten Tellern anrichten und reichlich mit Petersilie bestreuen und die Kräutersauce daneben setzen.

Giuseppina Strepponi
(1818–1897)

Hähnchen Verdi à la Strepponi

Ihr Auftritt als Abigail in der Uraufführung von Verdis Oper »Nabucco« am 9. März 1842 sollte für Giuseppina Strepponis weiteres Leben entscheidend sein. Sie lernte den Komponisten Giuseppe Verdi kennen und schätzen, verliebte sich Jahre später in ihn und wurde für fast fünfzig Jahre seine Lebensgefährtin.

Giuseppina Strepponi wurde am 8. September 1818 in Lodi geboren. Das musikalische Talent war ihr in die Wiege gelegt: Ihr Vater war der Musiker und Opernkomponist Feliciano Strepponi. Als das Mädchen fünfzehn Jahre alt war, wurde sie am Mailänder Konservatorium aufgenommen. Die Erfolge ließen nicht lange auf sich warten. Bereits mit zwanzig war sie eine gefeierte Sängerin. Als sie 1839 erstmals in einer Oper von Verdi auftrat, entdeckte sie ihre Liebe zu dessen Werken. Doch bis die beiden ein Liebespaar werden sollten, dauerte es noch Jahre. Die Strepponi pflegte unterdessen mehrere Liebesbeziehungen, die ihr nicht nur drei uneheliche Kinder bescherten, sondern auch den Ruf eines leichten Mädchens.

Als sich Giuseppina Strepponi und Verdi Mitte der vierziger Jahre näher kamen, durchlebte Verdi eine Zeit harter Prüfungen. Innerhalb kurzer Zeit waren seine einjährige Tochter Virgina 1838, sein einjähriger Sohn Icilio 1839 sowie seine geliebte Ehefrau Margherita 1840 gestorben. Der aufstrebende und erfolgreiche Komponist, der noch am Anfang seiner Karriere stand, war ein gebrochener Mann. Nur so ist zu verstehen, dass Verdis komische Oper »Un giorno di regno« im Jahre 1840 ein Misserfolg wurde.

Die Freundschaft mit Giuseppina Strepponi half Verdi über seinen Schmerz hinweg. 1849 zogen die beiden auf Verdis Landgut Sant'Agata bei Busseto. Dort genossen sie das Landleben – mit eigenem Gemüsegarten und Hühnerhof. Gemeinsam verbrachten sie Stunden in der Küche. Aus dieser Zeit stammt auch das Rezept für »Hähnchen Verdi«, das von Giuseppina verfeinert wurde.

Dass die beiden all die Jahre unverheiratet zusammenlebten, war ein Skandal. Erst im August 1859 gaben sie sich das Ja-Wort in Colonges-sous-Salève in Savoyen.

Giuseppina war fünf Jahrzehnte lang die perfekte Partnerin für Verdi. Sie ordnete sein Leben als Komponist und war ihm zugleich eine liebende Ehe- und Hausfrau. Da sie selbst Künstlerin war, wusste sie mit den exzentrischen Eigenheiten ihres Ehemannes umzugehen. Auch mit den weiblichen Bühnen-Bekanntschaften ihres Mannes wusste Giuseppina souverän zu leben. So blieben die beiden bis zum Tod der einstigen Sängerin am 14. November 1897 ein glückliches Paar. Giuseppina Strepponis sterbliche Überreste wurden nach Verdis Tod im Jahre 1901 nach Mailand in die Kapelle der »Casa di riposo per musicisti« überführt und an der Seite ihres geliebten Ehemanns beigesetzt.

Hähnchen Verdi à la Strepponi

ZUTATEN:

1 Mastpoularde, etwa 3 kg schwer
2 EL Olivenöl
1/2 l Asti-Muskatellerwein
3 EL Madeira, Salz, Pfeffer
30 g Butter
200 g Gänseleber, in Scheiben geschnitten
1 weiße Trüffel

ZUBEREITUNG:

Die Poularde tranchieren und die Stücke in einem Schmortopf in Olivenöl kross anbraten. Mit dem Wein ablöschen und die Poulardenstücke bei mittlerer Hitze 40 bis 45 Minuten garen, bis das Fleisch weich ist. Die Poulardenstücke aus dem Topf nehmen und warm stellen.

Den Bratsud etwas einkochen lassen. Madeira zugießen, mit Salz und Pfeffer würzen und die Sauce zum Schluss mit der Butter aufschlagen.

Die Poulardenstücke in der Mitte einer Platte anordnen und rundherum Gänseleberscheiben so arrangieren, dass sie die Geflügelstücke zum Teil bedecken. Mit gehobelten Trüffelspänen bestreuen.

Martin von Tours
(316–397)

Martinsgans

»Ist die Martinsgans am Brustbein braun
Wird man mehr Schnee als Kälte schaun.
Ist sie aber weiß
Kommt weniger Schnee und Eis.«

Eine Bauernregel, deren Zuverlässigkeit nicht erwiesen ist, deren Aussage aber zum Schmunzeln anregt – wie die Geschichte, die über den heiligen Martin und die Gänse erzählt wird.

Im Jahre 371 sollte Martin zum Bischof von Tours ernannt werden. Doch der Kirchenmann verfolgte andere Pläne und versteckte sich in einem Gänsestall. Allein, das aufgeregte Geschnatter der Tiere verriet ihn. Er wurde gefunden, und der Ernennung zum Bischof stand nichts mehr im Wege.

Dies ist nur eine der zahllosen Legenden, die sich um den heiligen Martin ranken. Die wohl bekannteste erzählt jene Geschichte, die noch heute alljährlich am 11. November in den mehrheitlich katholischen Städten und Dörfern nachgespielt wird: Der heilige Martin traf auf einen frierenden Bettler, teilte mit dem Schwert seinen Mantel und gab dem Bettler eine Hälfte, um sich zu kleiden. Dass Martin dafür drei Tage Haft wegen mutwilliger Beschädigung von Militäreigentum absitzen musste, wird meist unter den Tisch gekehrt.

Wer aber war der Mann, der so viel Gutes tat, in Demut lebte, Wunderheilungen vollbrachte und bei den Menschen seiner Zeit hohes Ansehen genoss?

Martin kam 316 in Sabaria (Steinamanger, Ungarn) zur Welt. Sein Vater war ein römischer Offizier. Die Kindheit und Jugend verbrachte Martin in Pavia, wo sein Vater als Militärtribun diente. Mit fünfzehn Jahren musste Martin, nach dem Willen des Vaters, in die römische Armee eintreten.

Nur drei Jahre lang hielt es den jungen Mann beim Militär, dann quittierte er den Dienst. Den Kaiser ließ er wissen: »Ich bin ein Soldat Christi. Mir ist es nicht erlaubt, mit der Waffe zu kämpfen.«

Martin ließ sich taufen und ging nach Poitiers, um Schüler des Bischofs Hilarius werden. Als dieser in die Verbannung musste, zog Martin nach Pannonien und verbrachte die nächsten Jahre als Einsiedler. Schließlich kehrte er nach Poitiers zurück, wo er erneut auf Bischof Hilarius traf. Im Jahre 361 gründete Martin nahe von Poitiers, in Ligugé, das erste christliche Kloster in Gallien.

Als zehn Jahre später ein neuer Bischof für Tours gesucht wurde, fiel die Wahl auf Martin, der darüber alles andere als glücklich war. Dennoch: Am 4. Juli 372 wurde er zum Bischof geweiht.

Auch in dieser herausgehobenen Stellung bewahrte Martin sich seine Bescheidenheit, eine Klosterzelle diente ihm als Residenz.

Zahlreiche Reisen führten ihn nun kreuz und quer durch Gallien. Unermüdlich warb der Bischof für die frohe Botschaft vom auferstandenen Christus. Auf einer dieser Missionsreisen starb Martin von Tours am 8. November 397 in Candes. Drei Tage später wurde er in Tours unter großer Anteilnahme der Bevölkerung beigesetzt, 2000 Mönche sollen ihn zu Grabe getragen haben. Der Tag seiner Beisetzung wurde schon bald in der ganzen Kirche als hoher Festtag begangen.

Sein Namenstag ist bis heute ein besonderes Datum: Martinsumzüge, Martinsfeuer, Martinsgebäck und nicht zuletzt die Martinsgans sind Ausdruck lebendiger Volksfrömmigkeit.

Der heilige Martin ist Patron der Diözesen Rottenburg-Stuttgart und Mainz, aber auch Schutzheiliger der Reisenden, der Armen, der Bettler und – der Gänse.

Martinsgans

Zutaten:

1 küchenfertige Frühmastgans, etwa 4–4,5 kg schwer
Salz
Majoran
8–10 sehr kleine Äpfel, ungeschält, Kerngehäuse ausgestochen
1 TL Mehl
Hühnerbrühe oder Wasser

Zubereitung:
Die Gans waschen und gründlich trocknen. Die Gans außen mit wenig Salz und innen reichlich mit Majoran einreiben. Die Bauchhöhle mit den Äpfeln füllen.

Die Gans mit der Brust nach unten in die Fettpfanne des Backofens legen und etwa zweifingerhoch Wasser zugießen. Bei 200 °C und unter häufigem Begießen mit der Flüssigkeit aus der Fettpfanne die Gans 2,5 bis 3 Stunden im Backofen braten, bis sie durchgegart ist (pro Kilogramm Gans rechnet man 40 Minuten Garzeit). Nach 15 Minuten die Haut unter den Keulen mit einer Gabel einstechen, damit das Fett abfließen kann. Nach etwa der Hälfte der Garzeit das Geflügel wenden und die Brust durch häufiges Begießen mit dem eigenen Saft kross braten.

Den Bratensaft aus der Fettpfanne zu Jus verkochen und separat servieren.

Zum Servieren die Gans tranchieren.

Tipp: Gut zur Martinsgans schmecken wahlweise warmer oder kalter Krautsalat, glasierte Kastanien, Sauerkraut oder Rotkraut, Reis oder Knödel, Blattsalate, süßsäuerliche Kompotte oder Chutneys.

Kaiserin Maria Theresia
(1717–1780)

Poularde à la Maria Theresia

Sie hat ihrem Thron und ihrem Geschlecht Ehre gemacht. Ich habe mit ihr Kriege geführt, aber ich war nie ihr Feind.« Mit diesen Worten beschrieb Friedrich der Große sein Verhältnis zu Maria Theresia, die das Habsburgerreich fast vierzig Jahre lang regiert hatte.

Maria Theresia wurde am 13. Mai 1717 in Wien geboren. Ihr Vater war Kaiser Karl VI., ihre Mutter Elisabeth Christine von Braunschweig. Maria Theresias älterer Bruder, der Thronfolger, war nur wenige Wochen nach der Geburt gestorben. Daraufhin erließ Maria Theresias Vater die so genannte »Pragmatische Sanktion«, die zwei Regelungen traf: Die habsburgische Monarchie sollte unteilbar sein, und im Falle der Ermangelung eines männlichen Thronfolgers sollte künftig auch die weibliche Thronfolge möglich sein. So trat im Jahre 1740, als der Kaiser starb, dessen 23 Jahre alte Tochter Maria Theresia als Erzherzogin von Österreich und Königin von Ungarn und Böhmen die Nachfolge an. 1736 hatte sie ihre Jugendliebe Herzog Franz Stephan von Lothringen geehelicht. Nachdem dieser 1745 die Kaiserwürde des Heiligen Römischen Reiches Deutscher Nation erlangt und als Franz I. den Thron bestiegen hatte, sprach man von Maria Theresia als der »Kaiserin«.

Wichtige Reformen in den habsburgischen Erblanden kennzeichneten die Regentschaft Maria Theresias. Die Mutter von sechzehn Kindern führte die allgemeine Schulpflicht ein, sie ordnete die

Verwaltung und das Heerwesen neu und gründete die so genannte »Commission de Chasteté« – eine »Keuschheitskommission«. Deren Aufgabe war es, außereheliche Beziehungen zu unterbinden. Ihre Einrichtung gründete wohl auf ihren eigenen schlechten Erfahrungen als Ehefrau. Sie wusste, da sie ihn jahrelang überwachen ließ, dass ihr Ehemann sie betrog.

Die Kaiserin, in jungen Jahren lebenslustig und impulsiv, wurde im Alter immer strenger. Ab 1774 durften keine Frauen mehr in öffentlichen Lokalen arbeiten. Hielt sich ein Wirt nicht an die Vorschrift, verlor er seine Konzession. Die Sittenpolizei musste »herumstreunende Frauenspersonen« aufspüren und kontrollieren.

Nicht nur die öffentliche Moral war Maria Theresia eine Herzensangelegenheit, auch in der Politik verfolgte sie einen harten Kurs, war sie doch in den Augen der europäischen Regenten allenfalls eine Interimslösung, die Begehrlichkeiten weckte. Insbesondere ihr Gegenspieler, der Preußenkönig Friedrich der Große, machte Ansprüche geltend. Sein Angriff auf Schlesien löste den »Österreichischen Erbfolgekrieg« aus. Dabei verlor Maria Theresia Piacenza, Parma und Schlesien. Ihr politischer Berater war Kanzler Wenzel Anton von Kaunitz. Auf seinen Rat hin beendete sie die Allianz mit Großbritannien und verbündete sich mit Russland und Frankreich gegen Preußen. Doch auch diese diplomatische Wendung bewahrte sie nicht vor dem endgültigen Verlust Schlesiens im Siebenjährigen Krieg, den die europäischen Mächte ab 1756 ausfochten. Nur zwei Jahre nach dem Friedensschluss von Hubertusburg im Jahre 1763 starb Maria Theresias geliebter Ehemann, Franz I., den sie liebevoll Franzl nannte. Von diesem Zeitpunkt an trug sie ausschließlich Trauerkleidung und schrieb nur noch auf Papierbögen, die einen schwarzen Trauerrand trugen. Nach dem Tod ihres Mannes ernannte sie ihren Sohn Joseph, den späteren Kaiser Joseph II., zum Mitregenten.

Maria Theresia erfreute sich zeit ihres Lebens größter Popularität. Es waren ihr ungekünsteltes Wesen, ihre natürliche Art und die warmherzige Mütterlichkeit, die sie beim Volk beliebt machten.

Sprach man sie auf ihre große Kinderschar an, antwortete sie mit einem Augenzwinkern: »... man kann nie genug davon bekommen.« Sie verbrachte, ungewöhnlich für die damalige Zeit, täglich viele Stunden mit ihren Söhnen und Töchtern und sorgte in jeder Hinsicht für sie. So erhielten alle die damals gerade entwickelte Pockenschutzimpfung. Auch in puncto Ernährung kannte die Kaiserin keine Nachlässigkeit und war um einen ausgewogenen Speiseplan bemüht. Bis heute bekannt ist die »Poularde à la Maria Theresia«.

Die Kaiserin hielt den Kontakt auch zu jenen Kindern aufrecht, die in andere europäische Dynastien eingeheiratet hatten – allen voran ihre jüngste Tochter Marie Antoinette. Als Fünfzehnjährige wurde sie mit dem französischen Thronerben Ludwig Duc de Berry, dem späteren König Ludwig XVI., verheiratet. Diese Ehe sollte die Allianz zwischen Österreich und Frankreich festigen. Königin Marie Antoinette war anfangs der strahlende Stern am Pariser Hof. Doch ihre Vergnügungssucht und ihr verschwenderischer Lebensstil warfen bald dunkle Schatten auf diesen Glanz. Ihr Ansehen sank, und das Volk nannte die ungeliebte Regentin bald nur noch verächtlich »L'Autrichienne« (die Österreicherin).

Marie Antoinettes Leben endete in den Wirren der Französischen Revolution. Ein Gericht verurteilte sie während der Herrschaft der Jakobiner als Landesverräterin zum Tode. Am 16. Oktober 1793 wurde sie in Paris auf der »Place de la Révolution« zur Guillotine geführt.

Ihrer Mutter Maria Theresia blieb es erspart, dieses unwürdige Drama miterleben zu müssen. Sie war bereits am 29. November 1780 im Alter von 63 Jahren in Wien gestorben und in der Wiener Kapuzinergruft in einem Doppelsarg an der Seite ihres geliebten Mannes beigesetzt worden.

Poularde à la Maria Theresia

ZUTATEN:

1 bratfertige Poularde, etwa 1500 g schwer
Salz
2 Tassen Reis
4 Tassen Hühnerbrühe
Pfeffer
4 Trüffelscheiben
4 Scheiben gekochte Rinderzunge
1/4 l Sauce béarnaise (Béarner Sauce)

ZUBEREITUNG:

Die Poularde in leicht gesalzenem Wasser garen, bis das Fleisch sich leicht von den Knochen lösen lässt. Herausheben und abkühlen lassen.

Das Brustfleisch der Poularde vorsichtig abheben und die Haut entfernen. Das Fleisch in Filets zerlegen und warm halten. Das restliche Poulardenfleisch in kleine Würfel schneiden.

Den Reis, die Hühnerbrühe, die Hälfte der Fleischwürfel und etwas Pfeffer in einen großen flachen, Topf geben und das Ganze etwa 20 Minuten garen, bis der Reis weich, aber noch schön körnig ist.

Zum Servieren jeweils abwechselnd den Reis, die Brustfleischfilets sowie die Trüffel- und Zungenscheiben aufschichten und das Ganze mit Sauce béarnaise übergießen.

Marie Jeanne Bécu, Gräfin Dubarry
(1743–1793)

Kalbskotelett Dubarry

Bis aus Zypern ließ König Ludwig XV. Blumenkohlsamen für seine Mätresse und Geliebte, die Gräfin Dubarry, importieren. Blumenkohl galt zu jener Zeit als besondere Delikatesse, und für die passionierte Köchin Dubarry war Blumenkohl, egal in welcher Form, die Krönung jedes Mahls. Schließlich, so ging die Rede, entfalte Blumenkohl eine erotisierende Wirkung – so auch als Zutat des berühmten »Kalbskotelett Dubarry«.

Gräfin Dubarry kam als Marie Jeanne Bécu am 19. August 1743 in Vaucouleurs zur Welt. Sie war die Tochter einer Näherin, der Vater war unbekannt. Nach einer kurzen Zeit in der Klosterschule ging Marie Jeanne nach Paris, um dort eine Ausbildung zur Modistin anzutreten. Im Modehaus Labille lernte sie ihren späteren Geliebten, Jean du Barry, kennen. Er war ein Filou par excellence, der in Paris unzählige Liebesabenteuer genoss, obwohl er verheiratet war und mehrere Kinder sein Eigen nannte.

Marie Jeanne Bécu allerdings war für den Grafen du Barry nicht irgendeine Geliebte. Mit ihr hatte er Großes vor. Denn Marie Jeanne war nicht nur hübsch, charmant, lebenslustig, gutmütig und jung, sondern sie besaß auch Ehrgeiz. Deshalb glaubte du Barry in ihr die ideale Mätresse für König Ludwig XV. gefunden zu haben. Der König verfiel in dieser Zeit zusehends in Depressionen, seit seine geliebte Mätresse Marquise de Pompadour im Jahre 1764 gestorben war. Natürlich waren du Barrys Bestrebungen nicht ganz uneigennützig – schließlich hoffte er aus Marie Jeannes Beziehung zu König Ludwig XV. Vorteile zu ziehen.

Den einzigen Makel, den das Mädchen mitbrachte, war die Tatsache, dass sie nicht von adeligem Stande war. Doch das ließ sich zur damaligen Zeit leicht beheben: Eine Heirat mit dem Bruder von Jean du Barry, dem Grafen Guillaume du Barry, wurde vereinbart – die Gräfin Marie Jeanne Dubarry war geboren.

Alsbald arrangierte Jean du Barry ein Treffen zwischen seiner Schwägerin und dem König. Sein Plan ging auf. König Ludwig XV. war hingerissen von dem Charme und der jugendlichen Unbekümmertheit der Gräfin. Es dauerte nicht lange, bis sie eigene Räume im Schloss Versailles zugewiesen bekam und damit den Titel »Mätresse des Königs« führen konnte – die Letzte übrigens, die dieses Privileg für sich in Anspruch nehmen durfte. Auch ihr Einfluss auf den König war groß, doch besaß sie kein besonderes Interesse an Politik wie ihre Vorgängerin Marquise de Pompadour. Sie beschränkte sich auf kleinere Intrigen, die ihr persönliches Umfeld betrafen.

Die Dubarry war bei allen beliebt. Zu ihren Festen und Diners fand sich die Gesellschaft bei Hofe ein. Das Volk liebte sie als bodenständige, dem Leben zugewandte Person, die viel Gutes tat. Mehr als einmal erwirkte sie Begnadigungen, insbesondere für arme Menschen, die ihrer Meinung nach unschuldig in Not geraten waren.

König Ludwig XV. überhäufte sie mit Geschenken – legendär sind der wertvolle Juwelenschmuck und das Schloss Louveciennes. Während der Revolution wurde das Schloss geplündert, der Schmuck sollte nie mehr vollständig auftauchen.

Im Jahre 1774 hatte das sorgenfreie Leben der Dubarry ein Ende, denn König Ludwig XV. starb. Sein Nachfolger verbannte die Gräfin in ein Kloster. Zwei Jahre später indes durfte sie in ihr altes Schloss Louveciennes zurückkehren. Nach dem Ausbruch der Revolution im Jahr 1789 suchte sie Schutz in England, kehrte aber schon bald wieder nach Paris zurück – ein folgenschwerer Entschluss, für den sie mit dem Leben bezahlen sollte. Im September

1793 wurde sie verhaftet und unter Anklage gestellt. Ihr wurde Unterstützung von Emigranten, Verschwendung von öffentlichem Eigentum und Verschwörung gegen die Republik vorgeworfen. Das Urteil: Tod durch die Guillotine. Am 8. Dezember 1793, auf dem Weg zur Hinrichtungsstätte, flehte sie voller Inbrunst um ihr Leben – vergebens.

Kalbskotelett Dubarry

ZUTATEN:

1 Blumenkohl
Salz
4 Kalbskoteletts
Weißer Pfeffer aus der Mühle
4 EL Butter
4 Schalotten, fein gewürfelt
3 Knoblauchzehen
1/2 l kräftiger Rotwein
1/2 l Brühe
2 EL Weißwein
4 Eigelb
100 g frisch geriebener Parmesan
Butterflöckchen

ZUBEREITUNG:

Den Blumenkohl in reichlich Salzwasser etwa 15 Minuten garen, sodass er weich, aber noch bissfest ist. Abgießen, etwas abkühlen lassen, dann in Röschen zerlegen.

Die Koteletts salzen und pfeffern. Die Hälfte der Butter in einer Pfanne erhitzen und darin die Koteletts auf jeder Seite 4 Minuten braten. Herausnehmen und beiseite stellen.

Ein Viertel der Schalottenwürfel in der Pfanne dünsten und mit dem Rotwein ablöschen. Den Knoblauch hinzufügen, mit Pfeffer würzen und das Ganze um etwa die Hälfte einkochen lassen.

Die restlichen Schalotten in einer Kasserolle mit der restlichen Butter anschwitzen. Die Brühe, den Weißwein und die Eigelbe zugeben und mit dem Schneebesen rühren, bis die Sauce beginnt, dick zu werden. (Die Sauce nicht kochen lassen!) Die Kasserolle vom

Herd nehmen und die Sauce weiterrühren, bis sie etwas abgekühlt ist.

Den Backofen auf 200 °C (Oberhitze) vorheizen.

Die Blumenkohlröschen unter die Weißweinsauce mischen und das Ganze mit etwas Pfeffer abschmecken. Die Koteletts in eine feuerfeste Form legen, mit der Blumenkohl-Weißwein-Sauce überziehen und im vorgeheizten Ofen gratinieren.

Kurz vor dem Servieren die Rotweinsauce mit Butterflöckchen binden und nach Belieben nochmals mit Salz und Pfeffer abschmecken.

Zum Servieren die Rotweinsauce auf vorgewärmten Tellern jeweils zu einem Spiegel ziehen und darauf die gratinierten Koteletts legen und diese mit Parmesan bestreuen.

Anton Bruckner
(1824–1896)

Leberknödel Anton Bruckner

Anton Bruckner wurde am 4. September 1824 als erstes von zwölf Kindern der Familie in Ansfelden in Oberösterreich geboren. Nachdem sowohl sein Vater als auch sein Großvater Lehrer in Ansfelden waren, lag es nahe, dass der älteste Sohn diese Tradition fortführen sollte. Nach dem frühen Tod des Vaters im Jahre 1837 kam der Zwölfjährige zunächst als Sängerknabe im Stift Sankt Florian unter. Schon vorher hatte Bruckner seine Liebe zur Musik entdeckt, bereits in jungen Jahren spielte er Orgel und Violine. Nun, im Stift Sankt Florian, erhielt er zum ersten Mal Musikunterricht, und nach kurzer Zeit schrieb er seine erste Komposition. Mit sechzehn Jahren kam er nach Linz, wo er zum Lehrer ausgebildet wurde. Als Schulgehilfe arbeitete er zuerst in Windhaag, dann in Kronstorf, bis er schließlich 1845 nach Sankt Florian zurückkehrte. Das Stift sollte für Bruckner eine zweite Heimat werden: Wegen seines großen Engagements erhielt er dort ein lebenslanges Heimatrecht.

Nicht nur die sanfte Landschaft Oberösterreichs hat Bruckner geliebt, sondern auch die deftige Hausmannskost, die dort auf den Tisch kam, allem voran die Leberknödel.

Insgesamt drei Jahre lang unterrichtete er in Sankt Florian, bevor er zum Stiftsorganisten ernannt wurde. Bis ins Jahr 1855 blieb er in dieser Stellung, dann wechselte er als Domorganist nach Linz. Für den jungen Mann aus einfachen Verhältnissen war dies eine bemerkenswerte Auszeichnung und Ehre. Bruckner erfüllte die Erwartungen seiner Förderer, doch gab er sich mit dem Erreichten nicht zufrieden. Ein sechsjähriges Musikstudium bei dem Wiener Musiktheoretiker und Kompositionslehrer Simon Sechter sollte ihn zu einem »Lehrer der Musik« machen. Es begann eine Zeit, in der sich Bruckner intensiv mit Komponisten wie Franz Liszt und Richard Wagner beschäftigte. Damals hatte Bruckner schon weit mehr als fünfzig kirchenmusikalische Werke sowie Kompositionen für Gesang und Klavier geschrieben. Jetzt, mit knapp vierzig Jahren, begann die kompositorische Schaffenszeit von Anton Bruckner. Er komponierte die Messe d-Moll (1864), mit der ihm der Durchbruch zu einem eigenständigen Stil gelang. Es folgten, neben vielen anderen Werken, neun Sinfonien, deren letzte jedoch unvollendet blieb. 1868 wurde Bruckner als Nachfolger seines verstorbenen Lehrers Sechter an das Wiener Konservatorium berufen, wo er die Professur für Orgel, Kontrapunktik und Generalbass übernahm. Sieben Jahre später wurde er Lektor für Harmonielehre und Kontrapunktik an der Wiener Universität.

Seine größten Ehrungen erlebte Bruckner in den neunziger Jahren: 1891 wurde ihm die Ehrendoktorwürde der Universität Wien verliehen, drei Jahre später ernannte ihn die Stadt Linz zum Ehrenbürger. Seine letzten Lebensjahre verbrachte Bruckner, der unverheiratet geblieben war, in Wien in einem Haus am Rande des Belvedere, das ihm Kaiser Franz Joseph kostenlos zur Verfügung stellte. Am 11. Oktober 1896 schloss er für immer die Augen. Seinem Wunsch entsprechend wurde er unter der Barockorgel der Stiftskirche von Sankt Florian beigesetzt.

Zu seinen Lebzeiten galt Anton Bruckner als unverstandener Komponist. Zahlreiche Dirigenten erklärten seine Sinfonien als unspielbar. Bruckners großes Vorbild war Richard Wagner, was ihm von anderen Komponisten seiner Zeit Hohn und Missgunst einbrachte. So soll Johannes Brahms über Bruckners Sinfonien gesagt haben: »Alles Schwindel«. Richard Wagner hingegen würdigte ihn als »bedeutendsten Sinfoniker nach Beethoven«.

Leberknödel Anton Bruckner

Zutaten:

2 Brötchen
Milch
30 g Butter
1 große Zwiebel, klein gewürfelt
1 kleine Knoblauchzehe, fein gewürfelt
300 g durchgedrehte oder fein gehackte Rinderleber
1 Bund Petersilie, fein zerkleinert
1 TL Majoran
1/2 TL abgeriebene Zitronenschale
Salz
Pfeffer
1 Ei, verquirlt
50 g Semmelbrösel

Zubereitung:

Die Brötchen in Milch einweichen, gut ausdrücken und mit einer Gabel zu einem Brei zerdrücken.

Die Butter in einer Pfanne erhitzen und darin die Zwiebelwürfel und den Knoblauch goldgelb anschwitzen. Leber, Brötchenbrei, Petersilie, Majoran und Zitronenschale hinzufügen. Mit Salz und Pfeffer würzen. Das Ei unterrühren und so viel Semmelbrösel einarbeiten, dass ein gut formbarer, aber nicht zu fester Knödelteig entsteht.

Den Teig 20 Minuten ziehen lassen. Inzwischen reichlich Salzwasser zum Kochen bringen. Mit nassen Händen aus dem Teig 10 bis 12 gleich große Knödel formen und in das kochende Wasser legen. Die Hitze verringern, sodass das Wasser nur noch siedet, und die Knödel 12 bis 15 Minuten darin ziehen lassen. Die Knödel müssen durchgegart und innen trocken sein.

Arthur Wellesley, Herzog von Wellington (1769–1852)

Filet Wellington

Den Mann, der als Sieger von Waterloo in die Geschichte einging, konnte so schnell nichts aus der Ruhe bringen. Das jedenfalls berichtet folgende Begebenheit:

Eines Tages, kurz vor dem Abendessen, Wellington kleidete sich gerade an, stürzte ein maskierter, mit einer Pistole drohender Bandit in sein Zimmer und rief: »Ich werde Sie töten.« Der Herzog blickte auf und sagte ganz ruhig: »Muss das gleich sein? Noch vor dem Dinner? Was werden meine Gäste dazu sagen?« Verblüfft ob dieser unerwarteten Wendung gab der Bandit auf, wurde von der Dienerschaft abgeführt und der Polizei übergeben. Der Herzog indes genoss sein Dinner – es wurde unter anderem ein zartes Filet serviert – mit den Gästen, als wäre nichts vorgefallen. Eingedenk der unerschrockenen Handlungsweise des Herzogs trägt besagtes Filetgericht seitdem den Namen »Wellington«.

Arthur Wellesley kam am 1. Mai 1769 in Dublin als viertes Kind adliger Eltern zur Welt. Die ersten Schuljahre verbrachte er in Chelsea und kam anschließend auf das Eton College, wohin die Eltern alle ihre vier Söhne schickten. Doch während seine älteren Brüder mit ihren geistigen Leistungen glänzten, fiel Arthur eher durch die Schlagkraft seiner Fäuste auf. Im Alter von fünfzehn Jahren verließ er das College, um seine Ausbildung an der französischen Militärakademie in Angers fortzusetzen, wo er zwei Jahre später sein Diplom ablegte. 1787 trat er als Fähnrich in die britische

Armee ein. Doch der Gedanke an Arbeit behagte dem jungen Mann nicht recht. Er verbrachte die Tage mit Freunden oder musizierte auf seiner Geige. Von der Mutter wurde er in jenen Tagen oft als Taugenichts gescholten. Immerhin lernte der junge Arthur damals Miss Catherine Pakenham kennen, um deren Hand er im Jahre 1792 anhielt. Doch die künftigen Schwiegereltern winkten ab; Arthur schien in ihren Augen keinen guten Einfluss auf die Tochter zu haben.

Ein Ereignis von weltgeschichtlicher Bedeutung lenkte auch das Leben von Arthur Wellesley in neue Bahnen. Am 21. Januar 1793 wurde der französische König Ludwig XVI. von den Revolutionären hingerichtet. Als Aristokrat sah Wellesley die natürliche Ordnung auf den Kopf gestellt. An diesem Tag soll der junge Mann seine Geige in den Ofen geworfen und den festen Entschluss gefasst haben, fürderhin der britischen Krone als Offizier zu dienen.

Er nahm an einigen Feldzügen teil und stieg rasch zum Oberstleutnant auf. 1803 gelang unter seiner Führung ein Sieg über die Maratha-Konföderation, damals die dominierende Macht in Indien. 1805 kehrte er nach England zurück, wurde für seine Dienste geadelt und in das britische Parlament gewählt. Der Wunsch Wellesleys nach einer aktiven Rolle in Politik und Militär schien sich erfüllt zu haben. Privat hingegen ließ das Glück auf sich warten. Immer noch hatte Wellesley die Zurückweisung des Heiratsantrages durch Miss Pakenhams Eltern nicht verschmerzt. Im Jahre 1806 wagte er es erneut – nach all den Jahren und den Lorbeeren, die er inzwischen gesammelt hatte. Er warf seinen guten Ruf in die Waagschale und gelangte zum Ziel: Noch im selben Jahr läuteten die Hochzeitsglocken.

Zur selben Zeit kämpfte England gegen Napoleon und seine Verbündeten. 1808 erhielt Wellesley den Befehl über das britische Expeditionskorps auf der Pyrenäenhalbinsel. Im Spanischen Unabhängigkeitskrieg gegen Napoleon errangen seine Truppen wichtige Siege, so in Talavera de la Reina, Salamanca und Vitoria, zudem besetzte er Madrid und drängte die Franzosen bis nach Toulouse zurück.

In Anerkennung seiner Verdienste in Spanien wurde Wellesley 1814 in den Stand eines Herzogs erhoben, zum First Duke of Wellington ernannt und als britischer Botschafter nach Paris entsandt. Dort requirierte er ein Haus der Familie Bonaparte. Er übernahm, so heißt es, nicht nur Waffen, Schmuckstücke und die Dienerschaft, sondern auch zwei Mätressen des Korsen, die im Haus verblieben waren.

1815 vertrat Wellington als britischer Hauptbevollmächtigter die Interessen der Krone auf dem Wiener Kongress, der das europäische Machtgefüge in eine neue Balance bringen sollte. Die Verhandlungen fanden allerdings ein jähes Ende, als Napoleon am 1. März 1815 die Flucht von der Insel Elba an die französische Mittelmeerküste gelang. Binnen kurzem marschierte der Korse in einem Triumphzug ohnegleichen bis nach Paris.

Am 25. März übernahm Wellington den Befehl über eine Armee in den Niederlanden – ein Heer aus Engländern, Belgiern und Niederländern, dessen militärische Leistungen Wellingtons Weltruhm begründeten: Am 18. Juni 1815 besiegte dieses Heer Seite an Seite mit den preußischen Truppen unter Generalfeldmarschall von Blücher Napoleon in der Schlacht von Waterloo endgültig. Der Usurpator musste abdanken und wurde auf die Atlantik-Insel St. Helena verbannt.

Erst drei Jahre später kehrte Wellington als Held in seine Heimat England zurück. Fortan widmete er sich ausschließlich seiner politischen Karriere. 1828 wurde er auf Wunsch von König George IV. zum Premierminister einer Tory-Regierung ernannt. Doch machte er sich den konservativen Flügel der Partei zum Gegner, als er 1829 das Inkrafttreten der Katholikenemanzipation erzwang. 1830 trat er als Premierminister zurück, weil er im Streit um die Parlamentsreform nicht nachgeben wollte. Er blieb Parlamentarier, war von 1834 an für zwei Jahre Außenminister im Kabinett von Sir Robert Peel und übernahm 1842 den Oberbefehl über die britische Armee. Am 14. September 1852 starb der First Duke of Wellington in seinem Herrenhaus Walmer Castle in der englischen Grafschaft Kent; er wurde in der Saint Paul's Cathedral in London beigesetzt.

Filet Wellington

Zutaten:

1 kg Rinderfilet
Salz
Schwarzer Pfeffer aus der Mühle
150 g Butter
1 Päckchen Blätterteig, aufgetaut
200 g Gänseleber-Mousse (fertig gekauft)
1 Portion Duxelles (siehe Tipp)
1 Eigelb, verquirlt
1 EL Mandelstifte
2 EL herber Sherry

Zubereitung:
Das Fleisch mit Salz und Pfeffer würzen und in heißer Butter von allen Seiten kurz anbraten. Herausnehmen und abkühlen lassen. Die Pfanne mit dem Bratensaft beiseite stellen.

Den Blätterteig so ausrollen, dass man das Filetstück vollkommen darin einschlagen kann. Das Fleisch rundherum dick mit Gänseleber-Mousse und Duxelles bestreichen und in den Blätterteig einschlagen. Den Teig gleichmäßig mit Eigelb bestreichen und mit den Mandelstiften verzieren. Auf einem mit Alufolie bedeckten Backblech das Fleisch 30 bis 35 Minuten im Backofen braten, bis die Teighülle schön braun und knusprig ist.

Den Bratensaft in der Pfanne nochmals erhitzen und mit Sherry ablöschen und zu dem schräg in dicke Scheiben aufgeschnittenen Filet reichen.

Das Filet schmeckt auch kalt mit Cumberlandsauce hervorragend.

Tipp: Duxelles ist eine sehr dicke Sauce, die zum Überkrusten von Fleisch und Geflügel oder zum Füllen von Pasteten verwendet wird. Für die Duxelles 1 mittelgroße, sehr fein gewürfelte Zwiebel in 3 Esslöffeln Butter anschwitzen. 150 Gramm fein zerkleinerte Champignons und 1 dicke Scheibe altbackenes, zerbröseltes Weißbrot unterrühren. Mit einem Schuss Madeira ablöschen und mit einem Achtelliter Demiglace (Kraftsauce) binden. Fein zerkleinerte frische Petersilie untermischen und die Sauce einkochen lassen. Mit Salz, Pfeffer, scharfem Paprikapulver und ein paar Tropfen Zitronensaft abschmecken.

François René
Vicomte de Chateaubriand
(1768–1848)

Chateaubriand

François René Vicomte de Chateaubriand – war er Politiker oder Schriftsteller? Oder gar beides? Zeit seines Lebens schien er nicht zu wissen, wofür sein Herz schlug. Um diese Zerrissenheit wissend, behaupteten böse Zeitgenossen in den politischen Zirkeln, sein Talent neige wohl eher zur Schriftstellerei, während seine literarischen Freunde raunten, er habe durchaus diplomatisches Geschick.

Letzteres ist Chateaubriand nicht wirklich nachzuweisen. Geschichte machte er vor allem als Liebhaber der Madame Récamier und als politischer Wendehals.

Seine literarischen Erfolge hingegen sind unbestritten. Die Erzählungen »René« und »Atala«, die den Verlust der Harmonie zwischen Mensch und Natur beklagen, gelten als Meisterwerke der französischen Romantik.

Chateaubriand wurde am 4. September 1768 in Saint-Malo geboren. Seine Eltern entstammten einem alten Adelsgeschlecht. Der Vater, René-Auguste de Chateaubriand, Comte de Combourg et Apolline, war ein geschickter Kaufmann und brachte es vom einfachen Schiffsjungen zum selbstständigen Reeder. Zehn Kinder wurden dem Ehepaar geboren, François René war das jüngste. Der Junge verbrachte seine Kindheit teils auf dem elterlichen Anwesen in der Bretagne, teils bei seiner Großmutter im Haus. Das Jahr 1777 geriet zur Zäsur: Das Stadthaus fiel einem Brand zum Opfer,

François René wurde auf verschiedene Internate geschickt, und der Rest der Familie zog sich auf Schloss Combourg zurück, das der Vater erworben hatte.

Nach seiner Ausbildung im Collège de Dol und im Collège de Rennes wollte sich François René bei der Marine verdingen, scheiterte allerdings schon bei der Aufnahmeprüfung. Die folgenden nahezu zwei Jahre verbrachte er bei den Eltern und seiner Schwester Lucile auf Schloss Combourg.

Auf Drängen des Vaters trat Chateaubriand im August 1786 in das Régiment de Navarre ein, in dem bereits sein Bruder Jean Baptiste Dienst tat. Doch bereits nach einem Jahr ließ sich der junge Mann beurlauben. Er wollte seine Schwester Julie in Paris besuchen und sich ebenfalls in der Seine-Metropole niederlassen. In dieser Zeit knüpfte er erste, für ihn wichtige politische und literarische Kontakte. Doch der Sturm auf die Bastille im Juli 1789 machte seine Pläne zunichte. Ob Royalisten oder Revolutionäre – er konnte sich für keine Partei erwärmen und wich den Konflikten aus, indem er sich im April 1791 auf den Weg nach Amerika machte.

Ein knappes halbes Jahr später kehrte er nach Frankreich zurück; die Erfahrungen dieser Reise in die Neue Welt schildert sein Buch »Voyage en Amérique«.

In jener Zeit vermählte sich Chateaubriand mit Céleste Buisson de la Vigne, einer Freundin der Familie. Nur kurze Zeit später folgte er seinem Bruder als Soldat nach. Als Leutnant der Infanterie in der französischen Emigrantenarmee wurde er bei einem Gefecht schwer verletzt. Er verbrachte Monate in einem Lazarett, bevor er nach Ostende gelangte. Von 1793 bis 1800 ließ er sich in London nieder – es war eine harte Zeit, denn er war so arm, dass er anfangs tagtäglich Hunger litt. »… ich saugte an Wäsche, die ich in Wasser eingeweicht hatte, ich kaute Gras und Papier. Als ich beim Bäcker vorbeikam, war die Qual unerträglich …, ich verschlang mit den Augen alles, was ich sah, nicht nur die Lebensmittel, auch Schachteln und Körbchen hätte ich fressen können.«

Doch nach und nach konnte der junge Mann Fuß fassen und widmete sich, fernab der Heimat, seinen schriftstellerischen Ambitionen. Die Melancholie und Leidenschaft seiner Werke machten ihn zum bedeutendsten Vertreter der Frühromantik in Frankreich. Mit seinem »Essay über die Revolution«, den er 1797 veröffentlichte, verschaffte er sich Zutritt zu politischen Kreisen.

Die folgenden Jahre brachten weitere bittere Erfahrungen. Chateaubriands Schwester Julie und seine geliebte Mutter starben in den Jahren 1798 und 1799 an den Spätfolgen der Kerkerhaft, die die Schergen Robespierres über sie verhängt hatten.

Im Jahre 1800 kehrte Chateaubriand nach Frankreich zurück und versuchte sich noch einmal an einer politischen Karriere. Unter Napoleon schien ihm dies zunächst zu gelingen. Drei Jahre nach seiner Rückkehr in die Heimat wurde er bereits französischer Gesandter in Rom. Doch nur ein Jahr später kam es zum Bruch zwischen dem Schriftsteller und Napoleon. Chateaubriand zog mit seiner Frau nach Paris und gab alle seine politischen Ämter auf. Nun hatte er wieder Zeit für ausgedehnte Reisen, die ihn durch Europa und bis nach Ägypten und Vorderasien führten. Zurück in Frankreich, erwarb er 1807 einen Landsitz in Chantenay-Malabry, »La Vallée aux Loups«. Hier entstand eines seines bekanntesten Werke, die nach seinem Tod veröffentlichen »Mémoires d'outre Tombe« (Denkwürdigkeiten von jenseits des Grabes).

In die Politik kehrte Chateaubriand erst wieder unter den Bourbonen zurück – als Pair von Frankreich sowie als Gesandter in Berlin und London. Ab 1822 versah er zwei Jahre lang das Amt des Außenministers. Er führte ein aufwendiges, großspuriges und verschwenderisches Leben. Die Bälle, zu denen er in sein pompöses Haus einlud, verschlangen Unsummen. In dieser Zeit beschäftigte Chateaubriand auch einen eigenen Koch. Der wurde im Jahr 1822 von seinem Herrn gebeten, ein Fleischgericht aus der Taufe heben, das das englische Steak an Bekanntheit und Beliebtheit übertreffen sollte. Der Koch zog sich zurück und servierte bald darauf ein Filet, das fortan den Namen »Chateaubriand« trug.

Auch sein ausschweifendes Liebesleben kostete Chateaubriand ein Vermögen, sodass er stets mit erheblichen Schulden in der

Kreide stand. Schließlich musste er seinen Landsitz samt der wertvollen Bibliothek verkaufen.

Nach 1830 zog er sich aus der Politik zurück und erlebte eine letze Schaffensperiode als Schriftsteller. Zahlreiche Bücher entstanden in dieser Zeit, u. a. »La Vie de Rancé«, »Essai sur la Litérature anglaise« oder »Congrès de Vérone«.

Chateaubriand starb, beinahe achtzigjährig, am 4. Juli 1848 in Paris. Sein Grab befindet sich auf »Grand-Blé«, einem Felsvorsprung bei Saint-Malo.

Chateaubriand

Ein Chateaubriand ist ein etwa 500 Gramm schweres Filetsteak. Es wird aus dem dicken Mittelstück des Rinderfilets geschnitten. Im Allgemeinen wird es für zwei Personen zubereitet.

Zutaten:

1 Doppellendenstück oder doppeltes Filetsteak
2 EL Olivenöl
Salz, Pfeffer aus der Mühle

Für die Sauce:

2 Schalotten, sehr fein gewürfelt
1 kräftiger Schuss Rotwein
1–2 EL Zitronensaft
2 EL Butter (nach Belieben)

Zubereitung:
Das Fleisch gut trockentupfen und in einer Pfanne in heißem Öl rundum kräftig anbraten. Mit Salz und Pfeffer würzen. Bei geringer Hitze das Fleisch 15 bis 20 Minuten garen, bis es innen noch rosa oder noch leicht blutig ist. (Wenn man es ganz durchbrät, kann Rinderlende oder -filet schnell trocken werden.)

Das Fleisch aus der Pfanne nehmen und warm stellen. Im Bratsud die Schalottenwürfelchen weich dünsten und mit Wein ablöschen. Die Sauce mit Zitronensaft und Pfeffer abschmecken und nach Belieben mit der Butter schaumig aufschlagen.

Traditionell wird das Chateaubriand mit gerösteten Toastbrotscheiben auf einer Silberplatte angerichtet und mit etwas Sauce beträufelt.

Tipp: Zu den klassischen Beilagen zählen gebackene, tournierte (dekorativ geschnittene) Kartoffeln oder Kartoffelkroketten in Mandelhülle.

Alexander Sergejewitsch Stroganow
(1733–1811)

Bœuf Stroganow

Dies ist der Mann, der alles nur Denkbare versucht, um sich zu ruinieren – doch ohne es jemals zu schaffen.« Dieses Urteil fällte die russische Zarin Katharina die Große über Alexander Sergejewitsch Stroganow, den passionierten Kunstsammler und Bauherrn.

Die Stroganows zählten jahrhundertelang zu den einflussreichsten und wohlhabendsten Familien Russlands. Sie waren nicht nur politisch und wirtschaftlich wegweisend, sie traten auch als Mäzene, Kirchenstifter und Wohltäter auf.

Begonnen hat der unglaubliche Aufstieg der Familie auf ihren Gütern im Ural. Bereits 1558 besaßen die Stroganows riesige Ländereien im Gebiet um Perm, das noch weitgehend unerschlossen war, aber über reiche Salzvorkommen verfügte. Um 1700 nannten die Stroganows rund siebzig Prozent aller dort ansässigen Salzsiedereien ihr Eigen. Es war ein einträgliches Geschäft, galt Salz damals doch als wertvolles Handelsgut. Dazu kam der Handel mit Zobelpelzen, der ebenfalls bemerkenswerte Erträge brachte. Das Vermögen der Familie wuchs und wuchs. Als der Salzhandel an Bedeutung verlor, verlegten sich die Stroganows auf andere Geschäfte. Bald konnten sie mit dem Bau ihres ersten großen Palastes beginnen: dem Stroganow-Palais in St. Petersburg.

Vor allem ein Abkömmling der Familie ist als Mäzen und Kunstsammler in die Geschichte eingegangen: Alexander Sergejewitsch (1733-1811). Nach einer standesgemäßen Ausbildung bereiste der junge Mann fünf Jahre lang Europa. Zusammen mit seinem Hauslehrer eignete er sich in dieser Zeit vielfältige Kenntnisse an, die insbesondere für die Erschließung des Ural-Gebietes von Vorteil waren. Ab 1770 verbrachte Stroganow einige Jahre in Paris. Er zählte zum Freundeskreis um die Philosophen Diderot und Voltaire und führte ein offenes Haus. Legendär war seine Freundlichkeit und Aufgeschlossenheit fremden Menschen gegenüber. Gelegentlich während eines Festes oder Balles durften selbst ungeladene Gäste sein Anwesen betreten, einige Speisen zu sich nehmen und wieder ihres Weges ziehen. Über alle Maßen entwickelt war sein Interesse an Kunst, seine Sammelleidenschaft verschlang Unsummen. 1778 kehrte Alexander Sergejewitsch nach St. Petersburg zurück. Unter seiner Ägide entstand eine der prächtigsten Kirchen der Metropole: die große Petersburger Kathedrale. Aufsehen erregte er mit einer Schenkung an Katharina die Große, die ihresgleichen sucht: 1790 vermachte er der Zarin zwölf Millionen Hektar Land!

Alexander Sergejewitsch starb 1811 im Alter von 78 Jahren in St. Petersburg. Sein Sohn Paul sollte nun die Tradition der Stroganows fortführen. Als Pauls einziger Sohn Alexander 1814 in den napoleonischen Kriegen sein Leben ließ, schien es mit der Dynastie ein rasches Ende zu nehmen. Nur drei Jahre später starb auch Paul. Die Ländereien und Palais der Stroganows wurden von Zar Alexander I. für unantastbar erklärt. Die einzige Person, die nun die Familiendynastie noch retten konnte, war Pauls Witwe. Sie verheiratete ihre älteste Tochter mit Pauls Neffen zweiten Grades, Sergej. Sowohl Name und Besitz konnten somit für die Familie Stroganow erhalten werden. Die Kaiserliche Archäologische Gesellschaft und die Kunstgewerbeschule sowie zahlreiche Elfenbeinarbeiten, chinesische und mittelalterliche Kunstwerke von unschätzbarem Wert verdanken sich diesem Zweig der Familie. Als Sergej achtundachtzigjährig starb, setzte er seinen Enkel Sergej Alexandrowitsch (1852–1923) als Nachfolger ein.

Sergej Alexandrowitsch war der letzte Graf Stroganow. Er widmete sich der Araber-Zucht und der Jagd. Als der Erste Weltkrieg ausbrach, ging er nach Paris, seine Familie folgte ihm 1917. Sämtliche Besitztümer der Familie sowie das Palais fielen nach der Oktoberrevolution an die Sowjets.

Gerghi Scherbatow-Stroganow, ein weiterer Abkömmling der Familie Stroganow, machte gegen Ende des Zweiten Weltkrieges Schlagzeilen: Der Neffe Sergej Stroganows dolmetschte in Jalta die Verhandlungen zwischen Stalin, Churchill und Roosevelt über eine europäische Nachkriegsordnung. 1976 kam Gerghi Scherbatow-Stroganow bei einem Autounfall ums Leben.

Baronesse de Ludinghausen ist die letzte lebende Nachfahrin der Familie Stroganow. Sie lebt heute in Paris und setzt sich für den Erhalt des Familienerbes in Russland ein.

Über die Entstehung des Gerichts »Bœuf Stroganow« wird folgende Begebenheit erzählt: Während einer Kutschfahrt in einer kalten Winternacht überkam Graf Alexander Sergejewitsch großer Hunger. Er ließ die Kutsche vor dem Haus einer alten Bauersfrau halten. Die Bäuerin setzte dem herrschaftlichen Gast ein kräftiges Gericht vor: Filetstreifen vom Rind, mit Zwiebeln gebraten und in einer Rahmsauce serviert. Dem Grafen mundete das Essen so sehr, dass er kurzerhand das Rezept erbat und das Gericht fortan regelmäßig kochen ließ.

Bœuf Stroganow

ZUTATEN:

800 g Rinderfilet
50 g Butter
Salz
Pfeffer
2 Zwiebeln, in feine Würfel geschnitten
3 Tomaten, enthäutet und gewürfelt
300 g Champignons, in feine Scheiben geschnitten
2 Gewürzgurken, sehr fein gewürfelt
1/8 l saure Sahne
Zitronensaft
Senf

ZUBEREITUNG:

Das Filet in etwa 2 cm breite Streifen schneiden. Die Butter in einer großen Pfanne zerlassen und darin die Filetstreifen kurz kross anbraten, salzen und pfeffern. Das Fleisch aus der Pfanne heben und warm halten.

In der gleichen Butter die Zwiebeln und die Champignons andünsten. Die Sahne zugießen und die Tomaten sowie die Gewürzgurken zugeben. Die Sauce 5 Minuten durchkochen lassen. Mit Zitronensaft und Senf abschmecken. In der fertigen Sauce die Filetstreifen gut warm werden lassen.

Dazu schmecken körniger Reis oder Salzkartoffeln.

Gioacchino Rossini

(1792–1868)

Tournedos à la Rossini

Essen und Lieben, Singen und Verdauen, das sind im wahrsten Sinne des Wortes die vier Akte der Opera buffa, die man gemeinhin das Leben nennt – und das vergeht, wie der Schaum einer Champagnerflasche. Wer es dahinschwinden lässt, ohne es genossen zu haben, ist ein Erznarr.«

Dieses Motto pflegte Rossini zeit seines Lebens – dazu kam die Musik. Mit 37 Jahren hatte er fast 40 Opern komponiert, dazu unzählige kleinere Werke, die zum Teil niemals veröffentlicht wurden. Er sammelte sie in einer kleinen Schublade mit der Aufschrift »Péchés de vieillesse« (Alterssünden).

Gioacchino Rossini wurde am 29. Februar 1792 im italienischen Pesaro in eine sehr musikalische Familie hineingeboren. Die Mutter war Sängerin, der Vater Hornbläser – und zugleich Inspektor des städtischen Schlachthofes. Schon als Kind übte sich der kleine Gioacchino an Violine und Cembalo. Im Alter von vierzehn Jahren kam er auf das Konservatorium nach Bologna. Hier wurde er vier Jahre lang in Cello, Klavier, Komposition und Gesang ausgebildet. Als Rossini diese Ausbildung abschloss, hatte er bereits eine Kantate, eine Oper und zwei Sinfonien geschrieben. Mit den Opern »Tancredi« und »Die Italienerin in Algier« schaffte er 1813 den Durchbruch. Durch ihren Witz und ihren spielerisch-graziösen Stil erlangten diese Opern weit über Italien hinaus Anerkennung.

Alsbald wurde Domenico Barbaja auf Rossini aufmerksam. Barbaja besaß zu dieser Zeit zwei Theater in Neapel: das Teatro San Carlo und das Teatro del Fondo. 1815 bot er Rossini die Leitung beider Häuser an – unter einer Bedingung: Rossini musste jährlich für jedes Theater je eine Oper schreiben. Acht Jahre hielt Rossini diese Abmachung ein und komponierte zwanzig Opern. Auch sein erfolgreichstes Werk entstand in dieser Zeit, im Jahr 1816: »Der Barbier von Sevilla«. Der damals 24 Jahre alte Komponist hat das Werk in nur zwei Wochen geschaffen – es gilt als Höhepunkt der Opera buffa, der italienischen komischen Oper. Die zündenden Melodien und der ausgeprägte Sinn für melodische Gestaltung bescherten ganz Europa einen wahren »Rossini-Boom«. Und das, obwohl die Uraufführung in Rom zum Fiasko wurde. Erst weitere Inszenierungen trafen den Geschmack des Publikums. In dieser Zeit soll Rossini mit einem Anflug von Ironie gesagt haben: Ich habe dreimal in meinem Leben geweint: als der »Barbier von Sevilla« ausgepfiffen wurde, als ich Paganini spielen hörte und als mir auf einer Bootsfahrt ein getrüffelter Truthahn ins Wasser fiel.«

Rossinis Zukunft war nunmehr gesichert, lukrative Aufträge in großer Zahl flatterten ihm ins Haus.

Neapel war für Rossini mehr als nur die Stadt seines beruflichen Erfolges, auch privat fand er hier sein Glück. Im Jahre 1823 lernte er die sieben Jahre ältere Opernsängerin Isabella Colbran kennen. Ihre Stimme beflügelte Rossinis Schaffenskraft, zahlreiche Hauptpartien seiner Opern waren nur für ihre Stimme geschrieben. Zusammen reisten sie durch die Welt und eilten von Erfolg zu Erfolg. Nach einem mehrmonatigen Aufenthalt am englischen King's Theatre übernahm Rossini 1825 die Leitung der italienischen Oper in Paris. Nur ein Jahr später trat er als Generalintendant in die Dienste König Karls X. 1829 entstand seine letzte Oper, »Wilhelm Tell«.

Um 1830 kehrte Rossini wieder nach Italien zu-rück. Auf dem Höhepunkt seines künstlerischen Schaffens beschloss er, »auszusteigen« und sich ganz seiner zweiten Liebe, dem Essen, hinzugeben: »Nach dem Nichtstun weiß ich für mich keine köstlichere Beschäftigung als zu essen, anständig zu essen, versteht sich. Das, was die Liebe für das Herz ist, ist der Appetit für den Magen.«

Diese Zäsur erstreckte sich nicht nur auf Rossinis Karriere als Komponist: Seine Ehe mit Isabella endete in dieser Zeit nach endlosen Diskussionen um Geld, Ruhm und Ehre mit der Scheidung. Rossini war nun Junggeselle und Rentier – ein Zustand, den er nach allen Regeln der Kunst genoss. Er gab extravagante Empfänge und Soireen und schuf mit ungebrochenem Erfindungsreichtum kulinarische Köstlichkeiten. Ob Saucen, Fleischgerichte, Fischgerichte, Nudeln oder Gebäck: Rossini verbrachte Stunden in der Küche, um Neues auszuprobieren und Bewährtes zu verbessern. Seine bekannteste Schöpfung sind die »Tournedos Rossini«.

Das Wort »Tournedos« soll gelegentlich bei einer Gesellschaft entstanden sein, als Rossini seinen Küchenchef bat, nicht in der Küche, sondern direkt vor den Gästen zu kochen. Der Koch weigerte sich: Vor den kritischen Augen der Öffentlichkeit ein Filet zuzubereiten erschien ihm unangebracht. Daraufhin soll ihm Rossini den Tipp gegeben haben: »Tournez-moi le dos … – Drehen Sie mir den Rücken zu …« – daraus ergab sich die Bezeichnung »Tournedos«.

Ebenfalls in diese Zeit fiel die Begegnung Rossinis mit seiner zweiten Frau Olympe Pélissier. Die junge Dame hatte mit ihren Liebesabenteuern ein kleines Vermögen gemacht und galt als warmherzig, gebildet und fürsorglich. Die beiden heirateten 1846.

Ihren Mann ließ Olympe kaum aus den Augen; sie war Ehefrau und Managerin zugleich. 1855 kehrte das Paar nach Paris zurück. In ihrem Haus gingen Gäste aus Kultur und Politik ein und aus, Rossini wurden unzählige Ehrungen zuteil.

In den letzten Jahren seines Lebens verschlechterte sich der Gesundheitszustand des Komponisten zusehends. Rossini litt an Gonorrhöe, die er sich schon als junger Mann zugezogen hatte. Zahlreiche Kuraufenthalte linderten seine Beschwerden zwar etwas, heilen konnten sie die Erkrankung allerdings nicht. So musste er 1868 eine Darmoperation über sich ergehen lassen, von der er sich nicht mehr erholte. Am 13. November 1868 starb der Künstler in Passy bei Paris an den Folgen dieses Eingriffs.

Tournedos à la Rossini

ZUTATEN:

4 Rinderfilets
4 EL Butter
2 Schalotten, fein gewürfelt
60 ml Cognac
2 EL fein zerkleinerter frischer Estragon
1/4 l Madeira
Salz
Pfeffer
3 große Trüffeln (Dosentrüffeln), in feine Scheiben geschnitten

ZUBEREITUNG:

Die Filets trockentupfen. Die Hälfte der Butter in einer Pfanne erhitzen und darin die Filets braten (nach Belieben medium oder durch). Die Schalotten hinzufügen und leicht bräunen. Den Cognac über das Fleisch gießen und flambieren. Das Fleisch warm stellen.

Den Estragon in den Bratsud rühren und mit der Hälfte des Madeiras ablöschen und um zwei Drittel einkochen lassen. Mit Salz und Pfeffer würzen. Die Sauce vom Herd nehmen und mit der restlichen Butter und dem restlichen Madeira aufschlagen.

Zum Servieren das Fleisch auf vorgewärmten Tellern anrichten und die Trüffelscheiben darauf verteilen. Etwas Sauce darüber träufeln und sofort servieren.

Henriette Davidis
(1801–1876)

Sauerbraten à la Henriette Davidis

»Man nehme…« – wer glaubt, diese Aufforderung stamme aus der Werbeküche des Doktor Oetker, der irrt. Denn das geflügelte Wort hat eine Frau geprägt, die in die Annalen der Kochkunst eingegangen ist: Henriette Davidis. Sie gilt als die bekannteste deutsche Köchin des 19. Jahrhunderts. Außerdem war sie eine viel gelesene Autorin von Kochbüchern und Ratgebern. Unsterblich wurde sie mit ihrem Longseller »Praktisches Kochbuch für die gewöhnliche und feinere Küche«, das heute noch Freunde und Bewunderer findet – und neue Auflagen erfährt. Eines der beliebtesten Rezepte aus ihren Aufzeichnungen ist der nach ihr benannte Sauerbraten. In ihren Büchern beschäftigte sich Henriette Davidis aber nicht nur mit Küchenthemen – weithin bekannt sind auch ihre Ratschläge, die sie jungen Frauen mit auf den Weg in die Ehe gab.

Als zehntes von dreizehn Kindern des Pfarrers Ernst Davidis und seiner Frau Katharina Litthauer erblickte Henriette am 1. März 1801 in Wengern das Licht der Welt. Mit fünfzehn Jahren schickten die Eltern sie auf die private Töchterschule in Schwelm, es schloss sich eine Ausbildung zur Erzieherin in Wuppertal-Elberfeld an. Vier Jahre lang arbeitete sie danach als Köchin und Erzieherin auf Gut Oberste-Frielinghausen.

Doch das Leben war alles andere als einfach für die junge Frau. Zweimal war Henriette verlobt, und beide Male verlor sie ihr Glück durch den frühen Tod der Männer. Das mag der tiefere

Grund sein, weshalb Henriette bis zu ihrem Lebensende unverheiratet blieb.

In ihrer Trauer zog sich Henriette im Jahr 1828 zu ihrer Mutter in das Pfarrwitwenhaus in Wengern zurück. Erst zehn Jahre später verließ sie Wengern erneut. Sie begleitete eine kranke Frau in die Schweiz. Auf dieser Reise begann Henriette mit dem Sammeln von Kochrezepten. Diese Leidenschaft ließ sie jahrelang nicht los, im Laufe der Zeit wuchs die Sammlung auf 850 Rezepte an – der Grundstock ihres umfänglichen Kochbuchs, dessen Markenzeichen der leuchtend rote Einband war.

Zwischen 1841 und 1848 leitete Henriette die Mädchenarbeitsschule Sprockhövel. Zu jener Zeit fand sie die Muße, ihre Rezept-Sammlung zu ordnen und schriftlich niederzulegen: Daraus entstand in den Jahren 1844/45 ihr erstes und bekanntestes Werk, ein »Praktisches Kochbuch für die gewöhnliche und feinere Küche«. Das Kochbuch avancierte zum Bestseller: 1876, im Todesjahr der Autorin, erschien es bereits in der 21. Auflage. Der unerwartete Erfolg des Buches beruhte nicht zuletzt auf einem Ratgeber für praktische Lebensfragen, den die Autorin ihrer Kochschule hinzufügte. Denn als Leiterin der Mädchenarbeitsschule war es ihre vornehmste Aufgabe, die Mädchen auf ihre künftige Rolle als »Gebieterin des Hauses« vorzubereiten: »Sie muss ihre Gegenwart zwischen Kinderstube, Küche, Keller, Vorrathskammer, Hof und Garten so zu theilen wissen, und den ganzen Tag über … von einem Ort zum anderen fliegen.«

Über den Umgang mit Männern schrieb sie:
»Das Aufsichwartenlassen ist eine Sache, welche die Mehrzahl der Männer so sehr scheut, dass sie gar leicht dazu gebracht werden, lieber ohne ihre Frauen auszugehen, als durch Warten ihre gute Laune zu verlieren.«

Ein weiterer hilfreicher Rat von Henriette Davidis bezog sich auf das Haushaltsgeld: »Sollte die Gattin den Eindruck haben, das monatliche Haushaltsgeld sei zu spärlich, so fasse sie sich ruhig ein Herz und teile das ihrem Mann offen mit, selbst dann, wenn sie gewisse Stürme des Gemütes zu befürchten hat. Die ziehen nämlich vorüber, wenn die Bittstellerin sanft und liebenswürdig bleibt und ihrem Herrn nicht mit augenblicklicher Widerrede entgegentritt. Überhaupt ist es tadelnswert, wenn die Hausfrau sich übler Laune hingibt, vor deren Schatten alle Reize des weiblichen Wesens schwinden. Und ganz bedrohlich wird die Situation, wenn sie ein nervöses Leiden entwickelt, sich vom Hauswesen zurückzieht und das Regiment den Dienstboten überlässt. Es ist schließlich bekannt, dass durch nichts der Hausfrau das Leben so schwer gemacht werden kann als durch freche Dienstboten.«

Auch hauswirtschaftliche Kenntnisse vermochte Henriette Davidis in ihren Büchern zu vermitteln: »Die erste Regel um wohlschmeckend und fein zu kochen, ist die große Reinlichkeit, welche ich allen jungen Anfängerinnen freundlich empfehle. Es besteht diese in gründlicher Sauberkeit der Hände, der Küche, der sämtlichen Küchengeräte, der Anrichten und Tische, sowie auch im tüchtigen Waschen und Spülen der Gemüse.«

Die Autorin vertrat die Forderung, dass sich alle Töchter, die der höheren Stände nicht ausgeschlossen, frühzeitig mit den Geheimnissen der Kochkunst vertraut machen sollten. Damit auch schon kleine Mädchen an dieses für sie so wichtige Thema herangeführt werden konnten, verfasste sie die beiden Kinderbücher »Puppenköchin Anna« und »Puppenmutter Anna«.

Sogar die deutsche Kaiserin Augusta schätzte Henriette Davidis und stiftete nach deren Tod am 3. April 1876 einen Geldbetrag für ein Grabmal.

Als im Jahr 1911 beim Bau der Bahnlinie Witten-Schwelm das Geburtshaus der berühmten Kochbuchautorin abgerissen werden musste, wurden die Platten ihres Küchenherdes an der Bahnunterführung eingemauert – zusammen mit einer bis heute erhaltenen Gedenktafel, auf der zu lesen steht: »An diesem Herd, an dieser Stelle des einstigen Witwenpfarrhauses, hat Henriette Davidis die Rezepte ihres berühmten Kochbuches ausprobiert.«

Sauerbraten à la Henriette Davidis

Zutaten:

1 kg Rindfleisch
Salz
Schwarzer Pfeffer aus der Mühle
100 g fetter Speck, gewürfelt
2 Zwiebeln, gewürfelt
1 Bund Suppengrün, geputzt und zerkleinert
1/8 l Fleischbrühe

Für die Marinade:

1/4 l Rotwein
1/8 l Rotweinessig
1 Zwiebel, in Ringe geschnitten
1 Lorbeerblatt
5 Pfefferkörner
3 Nelken

Für die Sauce:

125 ml Sahne
25 g Mehl
1 Prise Zucker
Salz
Schwarzer Pfeffer aus der Mühle

Zubereitung:

Das Fleisch abspülen, trockentupfen und in einen Steinguttopf legen.

Alle Zutaten für die Marinade mit einem Viertelliter kaltem Wasser in einen Topf geben und ein paar Minuten kräftig aufkochen. Abkühlen lassen und über das Fleisch gießen. Das Fleisch 4 Tage in der Marinade ziehen lassen, dabei einmal wenden.

Das Fleisch aus der Marinade nehmen, gut trocknen und kräftig salzen und pfeffern. Die Marinade durch ein Sieb abgießen und die Flüssigkeit beiseite stellen (die festen Bestandteile wegwerfen).

Den Speck in einem Schmortopf glasig braten. Das Fleisch hinzufügen und 15 Minuten von allen Seiten kross anbraten. Die Zwiebeln und das Suppengrün zugeben und 10 Minuten dünsten. Etwa ein Viertel der Marinade und die Fleischbrühe zugießen und das Ganze 90 Minuten schmoren lassen, bis das Fleisch weich ist; dabei eventuell noch etwas Marinade zugießen. Das Fleisch herausnehmen, auf eine tiefe Platte legen und warm stellen.

Den Bratensud in einen anderen Topf abseihen und kurz aufkochen lassen. Das Mehl und die Sahne gründlich mischen und in den Bratensud einrühren. Die Sauce unter ständigem Rühren 5 Minuten kochen lassen. Mit Zucker, Salz und Pfeffer abschmecken.

Zum Servieren den Braten quer zur Faser in dünne Scheiben schneiden und auf vorgewärmten Tellern auf einem Saucenspiegel anrichten.

Nachspeisen

Dame Nellie Melba
(1861–1931)

Pfirsich Melba

Einen halben Pfirsich statt roter Rosen schenkte der berühmte französische Meisterkoch Auguste Escoffier der Dame, die ihn mit ihrem Gesang zutiefst bewegt hatte: der australischen Sängerin Nellie Melba. Natürlich war der halbe Pfirsich nicht irgendein Pfirsich, sondern eine Kreation, die noch heute den Namen der Sängerin trägt: Pfirsich Melba.

Die Vorgeschichte: Escoffier wurde von Nellie Melba zu einer Aufführung der Oper »Lohengrin« von Richard Wagner in den Londoner Covent Garden eingeladen, in der sie die Elsa gab. Der Meisterkoch war über alle Maßen beeindruckt von der Sangesleistung der australischen Künstlerin und fasste den Entschluss, eine Nachspeise zu komponieren, die den Namen der Künstlerin tragen sollte. Wie sich Auguste Escoffier später erinnerte, schuf er im Gedenken an den mythischen Schwan aus dem ersten Akt des Lohengrin einen Nachtisch aus Pfirsichen auf Vanilleeis, bedeckt mit einem Schleier aus gesponnenem Zucker und serviert in einem Silberbecher, der zwischen den Flügeln eines aus Stangeneis gehackten Schwans stand.

Nellie Melba, eine der erfolgreichsten australischen Sängerinnen, wurde als Helen Mitchell 1861 in Richmond bei Melbourne geboren. Mit ihren acht Geschwistern wuchs sie als älteste Tochter in wohlbehüteten Verhältnissen auf. Die Familie war sehr musikalisch: Die Mutter spielte Harfe, Orgel und Klavier, der Vater sang und spielte Geige – Hausmusik wurde groß geschrieben in der Familie Mitchell. Nellie erhielt Klavierunterricht und wurde in Gesang ausgebildet.

1881 beendete ein unerwarteter Schicksalsschlag das Idyll der Familie: Nellies Mutter starb. Kurz danach zog David Mitchell mit seinen Kindern nach Queensland, um dort eine Zuckermühle zu betreiben. Hier lernte Nellie einen jungen Engländer kennen, der die Zuckerplantage führte: Charles Armstrong. Sie verliebten sich ineinander und heirateten 1882; ein Jahr später kam ihr Sohn zur Welt. Doch das Leben in einem Holzhaus war nicht das, was Nellie sich erträumt hatte. Ihre künstlerischen Ambitionen musste sie begraben, das Klavier stand verstaubt in der Scheune, ihre schönen Kleider hingen unbeachtet im Schrank. Schon ein gutes Jahr später packte sie deshalb ihre Koffer und reiste zurück nach Melbourne, wo sie sich in ihre künstlerische Ausbildung stürzte und Gesang studierte. Ihre Lehrerin Mathilde Marchesi unterstützte Nellies Bemühungen und stellte sie einflussreichen Personen vor. Marchesi war es auch, die Nellie einen neuen Nachnamen vorschlug: Aus Mitchell wurde Melba, eine Kurzform ihres Geburtsortes Melbourne.

Nellies erster umjubelter Auftritt fand 1887 im Brüsseler Munt-Theater statt. Nicht nur die Presse war begeistert, selbst die Königin ließ Nellie Melba nach der Aufführung in die Loge bitten, um ihr persönlich zu gratulieren. Melbas Stimme war wegen ihres bemerkenswerten Umfangs von fast drei Oktaven und ihrem silberhellen Klang außergewöhnlich. Musikkritiker sprachen von einer »Lerche, die sich mit einer Nachtigall vermählte«.

Von nun an nahm Nellie Melbas Weltkarriere ihren Lauf: Sie trat am Londoner Covent Garden, an der Mailänder Scala, an der Grand Opéra in Paris und an der Metropolitan Opera in New York auf. Innerhalb weniger Jahre galt sie als eine der vielseitigsten und berühmtesten Sopranistinnen ihrer Zeit. Ihre bekannteste Rolle war sicherlich die »Mimi« in Puccinis Oper »La Boheme«. Ab 1902 trat sie zeitweise gemeinsam mit Enrico Caruso auf. Die Komponisten Verdi, Puccini, Gounod und Leoncavallo verehrten sie wie eine Göttin.

Wenig schmeichelhafte Schlagzeilen hingegen brachte ihr die Begegnung mit einem anderen Mann ein: Während ihrer Auftritte in London verliebte sie sich in den französischen Kronprinzen Philippe, den Herzog von Orléans, der in London im Exil lebte. Einige Zeit konnte sie ihre Mesalliance geheim halten, doch bald wurde der Herzog allzu oft in jenen Städten gesehen, in denen Nellie Melba auftrat. Gerüchte über ein unschickliches Verhältnis machten bereits die Runde, als es zu einem Skandal kam: Der verliebte Kronprinz klatschte bei einem Konzert Melbas in Sankt Petersburg als Erster Beifall – was allein dem Zaren zukam, der die unschöne Szene mit Missfallen aus seiner Loge beobachtete. Der Vater des Kronprinzen machte dem unwürdigen Spiel daraufhin rasch ein Ende und schickte seinen Sohn für zwei Jahre auf Safari.

Während des Ersten Weltkrieges rief Nellie Melba einen Wohltätigkeitsfonds ins Leben und gab »Kriegskonzerte« in Nordamerika. Für dieses Engagement wurde sie zur »Dame Commander of the Order of the British Empire« ernannt und im Jahr 1927 gar zur »Dame Grand Cross of the Order« erhoben.

Fast vierzig Jahre lang beherrschte die Künstlerin mit ihrer Stimme den Londoner Covent Garden. Am 8. Juni 1926 verabschiedete sich die 65-jährige Diva unter den Augen des englischen Königspaars mit einem großartigen Konzert von ihrem Publikum. Einige Jahre blieben Nellie Melba noch, bevor sie am 23. Februar 1931 in Sydney für immer die Augen schloss.

Pfirsich Melba

ZUTATEN:

250 g frische Himbeeren
150 g Puderzucker
6 vollreife Pfirsiche
2 EL feiner Kristallzucker
1 1-l-Packung Vanilleeis
40 g Mandelblättchen

ZUBEREITUNG:

Die Himbeeren und den Puderzucker im Mixer zu einem glatten Püree verarbeiten. Das Püree mindestens 1 Stunde kühl stellen.

Die Pfirsiche schälen; dafür die Früchte einige Sekunden in Eiswasser tauchen (so lässt sich die Haut besser abziehen). Die Früchte in dem Kristallzucker wälzen, auf eine Platte setzen und mindestens 1 Stunde in den Kühlschrank stellen.

Zum Servieren das Vanilleeis in Eisbecher füllen, jeweils einen Pfirsich vorsichtig obenauf setzen und mit Himbeerpüree überziehen und mit Mandelblättchen bestreuen.

Eleonora Duse
(1858–1924)

Gondeläpfel à la Duse

Ich bin die Sklavin meiner Eigenart, die es mir nicht erlaubt, eine Rolle nur zu spielen, sondern mich zwingt, mit ihr zu leiden«, bekannte die große Mimin einmal.

»Die Duse« wurde zu ihrer Zeit als die bedeutendste Schauspielerin des Jahrhunderts gefeiert. Sie bestach durch ihr Vermögen, sich mit Haut und Haar in eine Rolle hineinzugeben, durch ihre bestechende Mimik und Gestik und ihr gefühlsintensives Spiel.

Eleonora Duse wurde am 3. Oktober 1858 im italienischen Vigevano unweit von Pavia geboren. Ihr schauspielerisches Talent hatte sie von ihren Eltern Alessandro Vincenzo und Angelica Appelletto geerbt, die als Komödianten mit einer Wanderbühne durch die Lande zogen und auf Marktplätzen und in Gasthäusern spielten. Mit vier Jahren durfte die kleine Eleonora bereits als Statistin auf der Bühne mitwirken, mit zwölf Jahren übernahm sie ihre ersten Sprechrollen. Knapp zwei Jahre später wurde sie als »Julia« in Shakespeares »Romeo und Julia« gefeiert – der erste große Schritt auf dem Weg zum Weltruhm. 1879 kam der endgültige Durchbruch mit dem Stück »Thérèse Raquin« von Emile Zola.

Den Journalisten und Schriftsteller Martino Cafiero fesselte das Spiel dieser Frau in einem Maße, dass er sich in sie verliebte. Doch das Glück währte nur kurz, denn als Eleonora schwanger wurde, verließ er sie. Im Jahre 1880 kam Duses erstes Kind, ein Sohn, zur Welt, er starb jedoch gleich nach der Geburt. Eleonora erstickte ihre Trauer mehr denn je in Arbeit. Der Erfolg ließ nicht lange auf sich warten. Die Duse war in aller Munde und wurde sogar von Queen Victoria auf Schloss Windsor eingeladen. Auch Dramatiker wie George Bernhard Shaw und Anton Pawlowitsch Tschechow bewunderten die große Charakterdarstellerin grenzenlos.

1881 schließlich lernte sie den Schauspieler Tebaldo Checchi kennen und lieben. Die beiden heirateten im September 1881, und schon im darauf folgenden Januar erblickte Tochter Enrichetta das Licht der Welt.

Vier Jahre später ging Eleonora erstmals auf Tournee durch Südamerika. Ihre Auftritte mehrten nicht nur ihren Ruf als glänzende Schauspielerin – diese Reise brachte auch ihr Privatleben gehörig durcheinander. Eleonora verliebte sich während der Tournee in ihren Schauspielerkollegen Flavio Andò. Nach ihrer Rückkehr trennte sie sich von ihrem Mann Tebaldo Checchi, der seine Frau aufrichtig liebte. Er verließ daraufhin schwer getroffen seine römische Heimat und wanderte nach Argentinien aus, um dort als Journalist zu arbeiten. Zusammen mit Andò gründete Eleonora Duse ihre eigene Schauspieltruppe, die »Compagnia della Città di Roma«. Während die Theatercompagnie Erfolge einheimste, geriet das Liebesglück zwischen Andò und der Duse in Turbulenzen. Bereits 1887 traf Eleonora den Librettisten Arrigo Boito und verliebte sich in den sechzehn Jahre älteren Mann. Die Affäre stand indes unter keinem guten Stern, denn Boito war verheiratet und wollte sich nicht von seiner Frau trennen. So trafen sich die beiden Verliebten zu ihren Rendezvous im Geheimen; alles andere wäre im katholischen Italien einem Skandal gleichgekommen.

In den Jahren 1889/90 festigte Elenora Duse ihre internationale Karriere. Sie trat mit ihrer Theatertruppe in Madrid, Kairo und Alexandria auf, überall feierte sie großartige Erfolge. Es folgten unter anderem Auftritte in Sankt Petersburg, in New York, Chicago und Boston.

Im Jahr 1895 trat erneut ein Mann in Eleonoras Leben – der italienische Dichter Gabriele D'Annunzio. Der fast sechs Jahre jüngere Mann war zu diesem Zeitpunkt noch kaum bekannt. Doch Eleonora Duse sollte ihm zu großem Ruhm verhelfen. Zwischen 1897 und 1902 spielte sie ausschließlich seine Werke, die dadurch eine ungeahnte Popularität erreichten. Sie förderte ihren Geliebten mit allen ihr zur Verfügung stehenden Mitteln. Doch Gabriele nutzte die Gefühle der liebenden Eleonora schamlos aus. Er betrog sie unentwegt und verschleuderte ihr Geld mit überteuerten Bühnenproduktionen und einem aufwendigen Lebensstil. Doch das war es nicht allein, weshalb sich die Duse von ihm trennte. Er fügte ihr unglaubliches Leid zu, als er sein Werk »Il Fuoco« (Das Feuer) veröffentlichte, zu dem sie ihn inspiriert hatte und das eigentlich niemals veröffentlicht werden sollte, denn es schilderte intime Details ihrer Liebesbeziehung in einer bis dato nicht gekannten Offenheit. Eleonora Duse war tief getroffen von D'Annunzios Schamlosigkeit. Zum endgültigen Bruch kam es schließlich, als er seine Tragödie »La Città morta«, die eigentlich der Duse auf den Leib geschrieben war, ihrer größten Konkurrentin, Sarah Bernhardt, zur Uraufführung übergab.

Nach der Trennung ging Eleonora Duse erneut auf Tournee, diesmal nach Norwegen, Schweden und Dänemark, wo sie vor allem in Stücken des Norwegers Henrik Ibsen auftrat.

Die Anerkennung ihrer Leistungen auf den Brettern, die die Welt bedeuten, zog schon zu ihren Lebzeiten weite Kreise. Rainer Maria Rilke widmete der Duse sein 1899 entstandenes Stück »Die weiße Fürstin«. Und kunstbegeisterte Köche drückten ihre Bewunderung aus, indem sie eigene Kreationen nach der großen Künstlerin benannten: Überliefert sind die Gondeläpfel à la Duse.

Im Jahr 1900 beendete die Duse ihre Karriere und zog sich in ihr Privatleben zurück.

Viele Jahre später kehrte sie noch einmal auf die Bühne zurück – auf einer viel umjubelten Tournee durch die USA. Während dieser Reise erkrankte sie, und als sie am 1. April 1924 in Pittsburgh eintraf, musste sie ärztlich betreut werden. Doch die Krankheit wollte nicht weichen. Drei Wochen später, am 21. April, starb Eleonora Duse in ihrem Hotelbett in Pittsburgh an den Folgen einer Lungenentzündung. Sie wurde im italienischen Asolo beigesetzt.

Gondeläpfel à la Duse

ZUTATEN:

2 Äpfel, geschält und entkernt
1/2 l Weißwein
Saft von 1/2 Zitrone
100 g Räucherlachs, in mundgerechte Stücke geschnitten
1 kleiner Staudensellerie, in feine Scheiben geschnitten
1 rote Paprikaschote, fein gewürfelt
Mayonnaise

ZUBEREITUNG:

Die Äpfel zu kleinen Gondeln schneiden und in kochendem Weißwein etwa 10 Minuten dünsten. Herausnehmen und, mit Zitronensaft beträufelt, abkühlen lassen.

Inzwischen Lachs, Sellerie und Paprika mit Mayonnaise (Menge nach Belieben) zu einem Salat mischen.

Zum Servieren die Apfelgondeln mit dem Salat füllen.

Marie-Josèphe Tascher de la Pagerie, gen. Joséphine
(1763–1814)

Gebackener Apfel à la Joséphine

Marie-Josèphe Tascher, später von Napoleon Joséphine genannt, galt zu ihren Lebzeiten nicht nur als »Königin der Herzen«, sondern auch als »Königin der Rosen«, denen ihre ganze Liebe galt. Als sie starb, blühten in ihrem Garten alle bekannten Rosensorten ihrer Zeit – 250 an der Zahl.

Das Licht der Welt erblickte Marie-Josèphe am 23. Juli 1763 auf der westindischen Insel Martinique. Ihre Kindheit verbrachte sie mit ihren beiden jüngeren Schwestern auf der elterlichen Zuckerrohrplantage. Mit zehn Jahren kam sie in das Mädchenpensionat Dames de la Providence in Fort-Royal.

Ihr Leben änderte sich schlagartig, als ihre Schwester Cathérine Désirée im Alter von dreizehn Jahren überraschend starb. Marie-Josèphe musste das Pensionat verlassen, um den Mann zu heiraten, der eigentlich für ihre Schwester bestimmt war: Alexandre Vicomte de Beauharnais. Im Oktober 1779 reiste die sechzehnjährige Marie-Josèphe mit ihrem Vater nach Frankreich. Dort schloss sie am 16. Dezember in der Kirche von Noisy-le-Grand mit de Beauharnais den Bund der Ehe. Das Paar bekam zwei Kinder: Eugène (1781) und Hortense (1783).

Die Ehe funktionierte mehr schlecht als recht. Bereits 1783 verließ Marie-Josèphe ihren Mann und ging für zwei Jahre in die Pariser Abbaye de Panthémont. Kurz nachdem sie zu ihrem Mann zurückgekehrt war, scheiterte die Ehe endgültig. Von da an lebte

Marie-Josèphe ein ausschweifendes Leben. Sie ging in der Pariser Gesellschaft ein und aus und unterhielt Kontakte zu Gegnern der Revolution. Knapp zehn Jahre nach der Trennung versöhnten sich Alexandre de Beauharnais und Marie Josèphe. Doch das Glück war nur von kurzer Dauer. Am 2. März 1794 wurde Alexandre wegen Hochverrates festgenommen und eingesperrt. Nur sechs Wochen später, am 19. April, wurde auch Marie-Josèphe festgenommen. Während sie rund vier Monate später das Gefängnis lebend verlassen durfte, wurde Alexandre am 21. Juli 1794 auf der Place de la Révolution guillotiniert.

Im Jahre 1795 begann Marie-Josèphe eine Affäre mit Paul Barras, einem der fünf »Direktoren«, die Frankreich zwischen 1795 und 1799 regierten. Über Barras lernte sie im Oktober 1795 Napoleon Bonaparte kennen. Der Korse verliebte sich unsterblich in sie, als er sie auf einem Ball mit einem Veilchenkranz im Haar erblickte. Kein halbes Jahr später fand die zivile Trauung der beiden statt. Napoleon, dem der Name Marie-Josèphe missfiel, gab seiner Frau kurzerhand den neuen Namen »Joséphine«. Jedes Jahr zum Hochzeitstag bekam Joséphine fortan von ihrem Mann einen Veilchenstrauß geschenkt.

Joséphine war bei ihrer Trauung 33 Jahre alt und galt als charmant, witzig und intelligent. Doch auch ihre extravagante Art sorgte für Gesprächsstoff. Zahlreiche Affären Joséphines belasteten die Ehe der beiden. Napoleons Familie verlangte die Scheidung von Joséphine. Doch das vermochte sie nach langen Gesprächen mit ihrem Mann zu verhindern.

Mit ihren guten Kontakten wurde Joséphine für Napoleon wichtig und verschaffte ihm gesellschaftliche Akzeptanz. Im Gegenzug beglich Napoleon die Schulden seiner Frau und schenkte ihr 1798 Schloss und Park Malmaison. Hier begann Joséphine ihre Liebe zu den Rosen zu entdecken. Ihre Gärtner ließ sie in England ausbilden. Joséphine wollte alle bekannten Rosensorten in Malmaison versammeln. Bisweilen nahm ihre Leidenschaft für die dornigen Schönheiten bizarre Züge an. Es heißt, sie habe während der napoleonischen Kriege gekaperte Schiffe nach Pflanzen und Sämereien durchsuchen lassen.

Während Joséphine sich ihrer Rosenzucht widmete, erreichte Napoleon mit der Ausrufung des Kaiserreichs seinen Zenit. Am 2. Dezember 1804 krönte er seine Frau zur Kaiserin. Zuvor hatten die beiden heimlich in Anwesenheit des Papstes kirchlich geheiratet.

Als Kaiserin blieb Joséphine weiterhin an Napoleons Seite. Und das, obwohl der Druck auf Napoleon wuchs, weil die Ehe auch nach acht Jahren kinderlos blieb. Erst im Jahre 1809 gab Napoleon den Forderungen nach – der Ruf nach einem männlichen Thronfolger wurde immer stärker. Am 15. Dezember 1809 wurde die Ehe zwischen Joséphine und Napoleon geschieden. Bereits am 11. März 1810 heiratete Napoleon die österreichische Kaisertochter Marie-Louise. Joséphine zog sich nach Malmaison bei Paris zurück und widmete sich wieder ihrer Rosenzucht, deren Kosten die jährlichen Einnahmen von drei Millionen Livres bei weitem überstiegen.

Nach einem Spaziergang mit Alexander I. im April 1814 zog sich Joséphine eine Erkältung zu. Nur knapp einen Monat später, am 29. Mai 1814, starb sie in Malmaison – offiziell hieß es, an den Folgen einer Unterkühlung. Eines der vielen Gerichte, die nach der »Rosenkönigin« benannt wurden, ist der gebackene Apfel á la Joséphine.

Gebackener Apfel à la Joséphine

Zutaten:

250 g Backobst, über Nacht eingeweicht
160 ml Milch
80 g Milchreis
Salz
Zucker
4 Äpfel
Butter
4 EL Himbeersirup

Zubereitung:

Das Backobst in etwas Wasser bei geringer Hitze etwa 15 Minuten erwärmen.

Aus der Milch und dem Milchreis einen Reisbrei kochen und mit etwas Salz und Zucker abschmecken. Den Brei abkühlen lassen und auf vier Teller verteilen.

Den Backofen auf 180 °C vorheizen.

Die Kerngehäuse aus den Äpfeln stechen. Die Früchte schälen und mit Butter bestreichen und mit Zucker bestreuen. Die Äpfel in einer gebutterten Form im vorgeheizten Ofen 20 Minuten backen.

Zum Servieren die Äpfel und das Backobst in den Milchreis legen, mit Zucker bestreuen und mit Himbeersirup beträufeln.

Giacomo Girolamo Casanova
(1725–1798)

Birne à la Casanova

Wenn es ein Ideal der männlichen Verführungskünste gibt, dann ist dies ohne Zweifel der »Casanova«. Und das nicht erst, seit die ausführlichen Memoiren des italienischen Adeligen vorliegen, die nach seinem Tode veröffentlicht wurden.

Casanova wusste, was er von den Frauen wollte: »Die ersten drei Monate meines Dresdner Aufenthaltes verbrachte ich damit, alle käuflichen Schönheiten kennen zu lernen. Ich fand, dass sie die Italienerinnen und Französinnen, was ihre körperlichen Reize anbelangt, noch übertreffen ...« Wer hätte solche Sätze von einem Mann erwartet, der Theologie studiert, die vier niederen Weihen bekommen hatte und Abbé gewesen war?

Der junge Casanova, als Sohn eines Schauspielerehepaars 1725 in Venedig geboren, interessierte sich bereits in jungen Jahren für Theologie und Recht – schon mit zwölf Jahren begann er beides in Padua zu studieren. Er verschrieb sein Leben Gott und diente der Kirche rund drei Jahre lang als Abbé. Eines Sonntags aber fiel er während der Predigt betrunken von der Kanzel und musste daraufhin den kirchlichen Dienst quittieren, so wird zumindest erzählt.

Anschließend promovierte Casanova zum Doktor jur. und praktizierte fast drei Jahre lang in einer italienischen Kanzlei. Doch auch dieser Beruf füllte ihn nicht aus; er kündigte und schlug sich fortan als Musiker, Schriftsteller und Glücksspieler durchs Leben. Im Jahre 1755 wurde er wegen Blasphemie und seines ausschweifenden

Lebens zu fünf Jahren Kerkerhaft verurteilt. Es hieß, Casanova habe zwei Nonnen des Klosters Santa Maria degli Angeli verführt. Seine Strafe verbüßte er in den berüchtigten venezianischen Bleikammern – bereits nach einem Jahr gelang ihm jedoch die Flucht.

1757 übernahm Casanova in Paris die Position des Lotteriedirektors. Doch schon nach nur kurzer Zeit und persönlichen Schwierigkeiten gab er wieder auf. Er beschloss, sich fürderhin einer diplomatischen Karriere zu widmen. So adelte er sich zunächst selbst und nannte sich »Chevalier de Seingalt«. Ausgestattet mit diesem Titel, führte ihn sein Weg über die Jahre quer durch Europa. Wie lange er jeweils blieb, hing meist von seinen weiblichen Bekanntschaften ab. Casanova war ein gern gesehener Gast: Er war eloquent, witzig und charmant. Der Lebemann begeisterte jedoch nicht nur die Damenwelt, seine Erzählungen beeindruckten auch Könige, Künstler und Politiker. So zählten unter anderem Voltaire, Joseph II., Katharina die Große und Ludwig XV. zu seinem Bekanntenkreis.

Erst 1774 führte ihn sein Weg wieder nach Venedig, wo er als Polizeispion tätig war und gleichzeitig der Inquisition als Spitzel diente.

Mit sechzig Jahren trat er die Stelle eines Bibliothekars bei Graf Waldstein auf Schloss Dux in Nordböhmen an. Hier fand er die Zeit und die Ruhe für die Niederschrift seiner Memoiren. Bereits mit dem Buch »Geschichte meiner Flucht«, das 1787 erschien, erlangte Casanova noch zu Lebzeiten literarischen Ruhm. Die fünfzehn Bände, die seine Lebensgeschichte erzählen – »Histoire de ma vie« –, wurden erst im Jahre 1821 und nur in Auszügen veröffentlicht. Sie zählen zu den kulturgeschichtlich bedeutendsten Quellenwerken des 18. Jahrhunderts, nicht zuletzt auch wegen der sehr offenherzigen Schilderung seiner erotischen Abenteuer.

Der Mann, der als Spieler, Weltenbummler, Lebemann und feuriger Liebhaber in die Geschichte eingegangen ist, starb im Alter von 73 Jahren am 4. Juni 1798 in Dux.

Casanova verstand es, nicht nur die Menschen, vor allem die Damenwelt, von sich einzunehmen. Er verstand sich auch auf die

Kochkunst. Zahlreiche Rezepte tragen seinen Namen. Eines der bekanntesten ist die »Birne à la Casanova« – möglicherweise ließ sich der Schöpfer dieser kulinarischen Köstlichkeit von den erotischen Formen dieser Früchte inspririeren …

Birne à la Casanova

ZUTATEN:

4 Birnen
1 EL Zucker
1/2 TL Vanillezucker
12 EL Himbeereis
4 EL Bénédictine (französischer Kräuterlikör)
4 EL Schlagsahne
Schokoladenstreusel

ZUBEREITUNG:
Die Birnen schälen und halbieren. Zucker und Vanillezucker in einem guten halben Liter Wasser erhitzen, bis sich der Zucker aufgelöst hat. Die Birnen hinzufügen und dünsten, bis sie weich sind, aber ihre Form noch erhalten ist.

Je drei Esslöffel Himbeereis in ein Schälchen geben. Jeweils zwei Birnenhälften darauf legen und diese mit Bénédictine beträufeln. Die Sahne steif schlagen und damit die Birnen abdecken. Zum Garnieren die Sahne mit Schokoladenstreuseln bestreuen.

Elizabeth Taylor
(* 27. Februar 1932)

Crêpes Elizabeth Taylor

Meine Mutter erzählte mir, dass ich erst acht Tage nach meiner Geburt die Augen öffnete. Das Erste, was ich sah, war ein Verlobungsring – seitdem bin ich süchtig nach Diamanten.«

Ihr zweimaliger Ehemann Richard Burton scheint die Schwäche von Elizabeth Taylor geteilt zu haben. Er soll ihr angeblich Juwelen im Wert von über neun Millionen Dollar geschenkt haben – darunter der teuerste Edelstein der Welt, der sagenumwobene »Krupp-Diamant«.

Doch nicht nur Edelsteine prägten das Leben des Mädchens, das am 27. Februar 1932 in Hampstead, London, zur Welt kam. Ihre Eltern stammten aus St. Louis, Missouri, wo sie einen Kunsthandel betrieben. Die Mutter hatte in jungen Jahren als Schauspielerin auf der Bühne gestanden, den Beruf allerdings nach der Hochzeit aufgegeben. Nach London war das Paar gekommen, um eine Kunstgalerie zu eröffnen.

Die ehrgeizigen Eltern hatten große Pläne mit ihrer Tochter. Bereits mit drei Jahren erhielt die kleine Elizabeth eine Ballettausbildung. Der erste Auftritt als Primaballerina fand vor den Augen der königlichen Familie statt.

Sieben Jahre verbrachte die Familie in England, bevor sie 1939, mit Beginn des Zweiten Weltkriegs, das Land verließ. In Los Angeles fanden die Taylors ein neues Zuhause.

Schon als Schülerin verdiente sich Elizabeth ein paar Dollar mit der Schauspielerei, wenn auch zunächst nur in kleineren Rollen. Mit zehn Jahren bereits stand sie in dem Streifen »There is one born every minute« vor der Kamera. Das Mädchen überzeugte nicht nur durch ihr schauspielerisches Können – insbesondere die strahlend violett-blauen Augen nahmen die Erwachsenen für sie ein. 1943 unterschrieben die Eltern der elfjährigen Elizabeth einen Exklusiv-Vertrag mit MGM. »Kleines Mädchen, großes Herz« und »Lassie come home« sind nur einige der Klassiker, die in dieser Zeit entstanden sind und aus dem kleinen Mädchen einen Kinderstar machten.

Den Übergang vom Mädchen zur Frau schaffte die frühreife Elizabeth in ihren Filmen ohne Probleme. Ihre erste Erwachsenenrolle spielte sie mit siebzehn in dem Film »Conspirator« als Ehefrau von Robert Taylor.

Wenig später heiratete sie wirklich – den Hotelerben Nicholas Conrad Hilton. Der Bund fürs Leben hielt ganze neun Monate und war lediglich der Auftakt zu einer stürmischen Beziehungsscharade.

Sieben Eheschließungen folgten. 1952 heiratete Elizabeth Taylor den britischen Star Michael Wilding. Mit ihm bekam sie zwei Söhne: Michael junior und Christopher Wilding. Die Ehe wurde 1957 geschieden. Im gleichen Jahr ehelichte sie Mike Todd, einen Filmproduzenten, aus dieser Beziehung ging die Tochter Elizabeth hervor. Todd kam 1958 bei einem Flugzeugabsturz ums Leben.

Nur ein Jahr später läuteten die Hochzeitsglocken erneut: Liz trat mit dem Sänger Eddie Fisher vor den Altar. Die Hochzeit war ein Skandal, denn Fisher hatte für die Taylor seine damalige Frau Debbie Reynolds verlassen. Doch auch dieses Glück währte nicht lange. Bereits 1964 heiratete Elizabeth Taylor nach der Scheidung von Fisher ihren Filmpartner Richard Burton. 1974 folgte die Scheidung, ein zweiter Versuch hielt von 1975 bis 1976. Zwei weitere Ehemänner folgten, 1976 bis 1982 der Lokalpolitiker John Warner, 1991 bis 1996 der LKW-Fahrer Larry Fortensky, den sie während einer Entziehungskur kennen gelernt hatte.

Auch wenn ihr Privatleben einem ständigen Auf und Ab glich, bekam ihre Karriere als Filmschauspielerin keinen Knacks – im Gegenteil: Elizabeth Taylor wurde ein Weltstar. In den Jahren 1957 bis 1959 wurde sie für die Streifen »Die Katze auf dem heißen Blechdach«, »Das Land des Regenbaumes« und »Plötzlich im letzten Sommer« dreimal hintereinander für den Oscar nominiert. Doch erst 1960 durfte sie die Auszeichnung tasächlich entgegennehmen: für ihre Rolle in dem Streifen »Telefon Butterfield 8«. 1966 erhielt sie erneut einen Oscar, diemal für ihre Rolle in »Wer hat Angst vor Virginia Woolf«.

Elizabeth Taylor war die erste Schauspielerin der Filmgeschichte, die für einen Film – »Cleopatra« aus dem Jahr 1963 – eine Gage in Höhe von rund einer Million Dollar kassierte.

Nicht weniger spektakulär als ihre Filmkarriere ist ihre Krankengeschichte. Sie soll als kleines Mädchen auf einer Streckbank gestreckt worden sein, da sie für einen Filmstar eigentlich zu klein war. Zeit ihres Lebens klagte die Schauspielerin deshalb über Rückenprobleme. Anderen Aussagen zufolge hat sich die Taylor insgesamt viermal den Rücken gebrochen. 1963, bei den Dreharbeiten zu »Cleopatra«; litt sie an einer verschleppten Lungenentzündung; ihr Zustand war so dramatisch, dass nur ein Luftröhrenschnitt sie vor dem sicheren Tod bewahrte. 1997 schließlich musste sie sich einen Tumor entfernen lassen.

Heute engagiert sich Elizabeth Taylor vor allem für die Aids-Forschung: 1995 gründete sie die »American Foundation for AIDS Research«. Königin Elisabeth II. erhob die Filmdiva zur Jahrtausendwende in den Adelsstand. Die »Crêpes Elizabeth Taylor« bringen die Vorliebe des Leinwandstars für süße und alkoholische Genüsse zum Ausdruck.

Crêpes à la Elizabeth Taylor

Den Teig bereitet man am besten schon am Vorabend zu.

ZUTATEN:

FÜR DEN TEIG:
300 g Weizenmehl
200 ml Milch
100 g Crème double (dicke Sahne mit mindestens 42 % Fettgehalt)
6 Eier
2 EL Zucker, 2 Prisen Salz
4 EL Grand Marnier
2–3 EL Butter zum Ausbacken

ZUM FLAMBIEREN UND FÜLLEN:
150 g sehr feiner Kristallzucker (feinste Raffinade)
24 Butterflocken
Saft von 2 Orangen
Saft von 2 Zitronen
12 Stück Würfelzucker
2 Sherrygläser Grand Marnier
1 kg frische Himbeeren
2 Sherrygläser Himbeergeist
je 1 Sherryglas Armagnac, Cognac und Curaçao

ZUBEREITUNG:
Für den Teig alle Zutaten – außer der Butter zum Ausbacken – nacheinander zu einer glatten, dünnflüssigen Masse verrühren. Den Teig über Nacht kühl stellen.

Die Butter Zug um Zug in kleinen Portionen in einer Omelette-Pfanne zerlassen und darin etwa untertassentellergroße, hauchdünne Crêpes ausbacken. Die fertigen Crêpes aufeinander schichten und warm halten.

Den Kristallzucker in einer Flambierpfanne zu hellbraunem Karamell schmelzen. Dann sofort die Butterflocken unterrühren und mit Orangen- und Zitronensaft ablöschen. So lange rühren, bis sich die Karamellmasse verflüssigt hat. Den Würfelzucker und den Grand Marnier in den flüssigen Karamell rühren und das Ganze einige Minuten kochen lassen.

Inzwischen in einer zweiten Pfanne den Himbeergeist erhitzen, anzünden, die Himbeeren hinzufügen und vorsichtig durchrühren. In die Mitte jeder Crêpe ein paar Himbeeren setzen und mit Himbeergeistmischung beträufeln. Die Crêpes zusammenfalten, in die Sauce legen und stark erhitzen. Das Ganze mit dem Armagnac, Cognac und Curaçao übergießen, anzünden und so lange flambieren, bis die Flammen keine gelben Spitzen mehr zeigen. Die Flammen mit einem Deckel auslöschen.

WICHTIG: Beim Flambieren wegen der Verbrennungsgefahr äußerst vorsichtig vorgehen! Kinder unbedingt fern halten!

Elisabeth Kaiserin von Österreich
(1837–1898)

Kaiser(in)schmarrn

Es ranken sich viele Geschichten um die Entstehung des Kaiserschmarrns, doch nur eine davon bringt die süße Verführung mit der österreichischen Kaiserin in Verbindung und berichtet der Nachwelt, dass der viel geliebte Kaiserschmarrn ursprünglich ein »Kaiserinschmarrn« werden sollte.

Anlässlich eines feierlichen Soupers in der Wiener Hofburg, zu dem nur gekrönte Häupter geladen waren, wollten die kaiserlichen Hofköche zu Ehren der Kaiserin etwas Außergewöhnliches auf die Tafel zaubern. Eine Mehlspeise sollte es sein, die ein wenig den österreichischen gutbürgerlichen Geschmack zeigte und dennoch so fein zubereitet war, dass sie den Ansprüchen Elisabeths genügte. Aus Milch, Eiern, Zucker und Rosinen wurde der »Kaiserinschmarrn« ausgebacken. Doch beim Auftragen der Nachspeise kam es fast zu einem Eklat. Kaiserin Elisabeth verzichtete auf das Dessert und schob den Teller beiseite. Es war Kaiser Franz Joseph, der die Situation rettete. Beherzt aß er seinen Teller leer, und – so wird erzählt – es schmeckte ihm so gut, dass er sich die Portion seiner Frau auch noch einverleibte. Verzückt ob dieser Entwicklung, beschlossen die Köche kurzerhand, den Schmarrn nicht »Kaiserinschmarrn«, sondern gerechterweise »Kaiserschmarrn« zu nennen.

Die Geschichte ist durchaus glaubhaft, war Elisabeth doch äußerst streng mit sich selbst, und eine »Kalorienbombe«, wie es der

Kaiserschmarrn nun einmal ist, ließ sich kaum mit ihren Bemühungen um eine schlanke und sportliche Figur in Einklang bringen.

Elisabeth Amalie Eugenie kam am 24. Dezember 1837 in München zur Welt. Sie war das vierte von acht Kindern des Herzogs Maximilian Joseph in Bayern und seiner Ehefrau Ludovika, geborene Prinzessin von Bayern.

Elisabeth wuchs im herzoglichen Palais an der Ludwigstraße in München auf. Dort erhielt sie mit ihren Geschwistern täglich Unterricht, französische Gouvernanten und Tanzlehrer sollten die Erziehung der Töchter zur Vollendung bringen. Denn Elisabeths Mutter, Herzogin Ludovika, stand vor einer schwierigen Aufgabe: Es galt, ihre fünf Töchter standesgemäß zu verheiraten. Mit Rat und Tat unterstützte ihre Schwester Erzherzogin Sophie, die Mutter des österreichischen Kaisers Franz Joseph I., diese Anstrengungen. Eine katholische bayerische Prinzessin konnte sie sich durchaus als Schwiegertochter und Ehefrau ihres Sohnes vorstellen. Ihre Wahl fiel auf Helene, die älteste Tochter Ludovikas. Doch beim ersten Rendezvous zwischen Helene und Franz Joseph passierte, was niemand am Hofe für möglich gehalten hatte: Franz Joseph widersetzte sich den Plänen der Mutter. Er weigerte sich, Helene zur Frau zu nehmen. Sein Herz war einer anderen Frau zugetan: Helenes kleiner Schwester, der fünfzehnjährigen Elisabeth. Für Franz Joseph war es Liebe auf den ersten Blick, und auch Elisabeth fühlte sich zu dem stattlichen jungen Mann hingezogen. Der Kaiser hielt die erste Begegnung mit Elisabeth in seinem Tagebuch fest: »Nein, wie süß Sisi ist, sie ist frisch wie eine aufspringende Mandel, und welch herrliche Haarkrone umrahmt ihr Gesicht! Was hat sie für liebe und sanfte Augen und Lippen wie Erdbeeren.«

Die Auserwählte soll nach dem ersten Treffen zu ihrer Mutter gesagt haben: »Ich hab den Kaiser so lieb – wenn er nur kein Kaiser wär.«

Am 24. April 1854 läuteten die Glocken der Wiener Augustinerkirche zur Märchenhochzeit – es war, ungeachtet aller dynastischen Interessen, eine Liebesheirat, aus der vier Kinder hervorgingen: Sophie, Gisela, Rudolf und Marie Valerie.

Dennoch: Elisabeth kam mit der fremden Welt, mit dem Zeremoniell am kaiserlichen Hof nicht zurecht. Vor allem die ständigen Zänkereien mit der Schwiegermutter über die Erziehung der Kinder machten ihr den Alltag zur Last. Erst nach mehr als zehn Jahren Ehe fand Elisabeth den Mut, gegen die Schwiegermutter zu rebellieren. In einem Brief an ihren Mann schrieb sie am 27. August 1865: »Ich wünsche, dass mir vorbehalten bleibe unumschränkte Vollmacht in Allem, was die Kinder betrifft, die Wahl ihrer Umgebung, den Ort ihres Aufenthaltes, die complette Leitung ihrer Erziehung, mit einem Wort, alles bleibt mir ganz allein zu bestimmen, bis zum Moment ihrer Volljährigkeit.«

Elisabeth versuchte ihrer Schwermut mit einem geradezu übertriebenen Schönheitskult zu begegnen. Täglich verbrachte sie mehrere Stunden mit Gymnastik, um ihren Körper zu trainieren. In allen Schlössern und Villen, die sie besaß, ließ sie Turn- und Übungsräume einbauen, um ihr tägliches Sportprogramm absolvieren zu können.

Ihrem Haar wurde besondere Aufmerksamkeit und Pflege zuteil. Elisabeth wurde täglich von der Theaterfriseuse Fanny Feifalik frisiert, allein das Waschen und Trocknen der Haare dauerte mehrere Stunden. Sisis Haar reichte bis zu den Knöcheln und wog zeitweise bis zu fünf Kilogramm. Wobei die Kaiserin eine eher zarte Person war: Sie maß 1,72 Meter und wog gerade einmal fünfzig Kilogramm. Legendär ist noch heute ihr Taillenmaß, das zwischen 47 und 50 Zentimeter betrug. Doch der Schönheitswahn hatte seinen Preis. Elisabeth litt zeit ihres Lebens unter Essstörungen und Hungerödemen.

Mehr und mehr zog sie sich von ihren Pflichten zurück, boten doch die zahlreichen Kuraufenthalte eine willkommene Abwechslung zum höfischen Einerlei. Viele Ärzte attestierten Elisabeth Schlaflosigkeit, Nervenentzündungen und Anämie. Immer wieder verbrachte sie Monate im Ausland. Oft musste ihr der Kaiser hinterherreisen, stets bestrebt, seine Frau an den kaiserlichen Hof nach Wien zurückzubringen.

Auf einer ihrer zahlreichen Reisen, geschah am 10. September 1898 in Genf das Unfassbare: Elisabeth, die gerade an Bord eines Schiffes gehen wollte, wurde von dem Anarchisten Luigi Lucheni mit einem Dolch ermordet.

Vielleicht hatte Elisabeth sogar eine Todesahnung. In den Aufzeichnungen ihrer jüngsten Tochter Marie Valerie aus jenen Tagen heißt es: »Sie sprach mit Baronin Julie Rothschild vom Tode und sagte genau dasselbe, was sie vor Jahren mir gesagt: ihren Wunsch, die Seele möchte wie durch ein kleines Loch dem Körper und all dessen Elend entfliehen können … que l'ame puisse s'envoler par un tout petit trou de cœur.« Vierundzwanzig Stunden später sollte sich dieser Wunsch erfüllen.

Kaiserschmarrn

ZUTATEN:

8 Eier, getrennt
60 g Zucker
250 g Mehl
1 l Milch
1 Prise Salz
50 g Rosinen (nach Belieben)
Butter
Zucker

ZUBEREITUNG:

Die Eigelbe mit dem Zucker gründlich verrühren und nach und nach das Mehl sowie die Milch untermischen, bis ein dünnflüssiger Teig entsteht. Mit einer Prise Salz abschmecken. Das Eiweiß steif schlagen und unter den Teig heben. Nach Belieben die Rosinen in den Teig geben.

Reichlich Butter in einer Pfanne erhitzen und den Teig hinzufügen. Den Kaiserschmarrn goldbraun backen und während des Backens mit der Gabel in kleine Stücke reißen.

Den Kaiserschmarrn sehr heiß mit Zucker bestreut servieren.

George Sand
(1804–1876)

Sabayon froid à la George Sand

»Ich beweine eine Tote und grüße eine Unsterbliche. Ich habe sie geliebt, ich habe sie bewundert, ich habe sie verehrt ...«, verabschiedete sich Victor Hugo bei der Bestattung von George Sand. Er war nicht der einzige Mann, der trauerte, als George Sand für immer die Augen schloss. Alfred de Musset, Franz Liszt, Hector Berlioz, Honoré de Balzac, Gustave Flaubert und Frédéric Chopin – sie alle verband eine mehr oder weniger lange Liebesbeziehung mit George Sand, einer Frau, die entgegen allen üblichen Konventionen die »freie Liebe« propagierte, mit Männerkleidung durch Paris spazierte und Zigarren rauchte.

Und noch ein Mann trauerte um diese außergewöhnliche Künstlerin: ein Koch, der George Sand mit dem von ihm kreierten »Sabayon froid à la George Sand« posthum kulinarisch die Ehre erwies.

George Sand wurde am 1. Juli 1804 in Paris als Amandine Aurore Lucie Dupin geboren. Die ersten vier Jahre ihres Lebens verlebte sie glücklich im Hause der Eltern, bevor 1808 gleich zwei düstere Wolken über der Familie aufzogen. In jenem Jahr starb überraschend Amandines jüngerer Bruder Auguste, den sie sehr liebte. Und eine Woche später kam ihr Vater bei einem Reitunfall ums Leben. Mutter und Tochter zogen daraufhin zur Großmutter nach Nohant, in die Nähe von Paris. Doch die Mutter kehrte schon bald nach Paris zurück, während Amandine Aurore bei der Großmutter blieb. Mit vierzehn Jahren kam das Mädchen ins Kloster: Bei den

»Englischen Augustinerinnen« in Paris sollte sie standesgemäße Umgangsformen lernen und eine gute Ausbildung erhalten. Die Großmutter hing mit großer Liebe an dem Mädchen. Als sie starb, galten ihre letzten Worte der Enkelin: »Du verlierst deine beste Freundin.«

Ein Jahr nach dem Tod der geliebten Großmutter heiratete Amandine Aurore. Ihr Auserwählter hieß Casimir Dudevat – es war wohl nicht die große Liebe, denn die Ehe hielt nur neun Jahre. Zu unterschiedlich waren die Eheleute, zu wenig gemeinsame Interessen waren vorhanden. Immerhin gingen zwei Kinder aus dieser Liaison hervor, die Amandine Aurores ganzes Glück waren: Sohn Maurice, 1823 geboren, und Tochter Solange, 1828 geboren. Nach dem Scheitern der Ehe zog Amandine Aurore Dudevant nach Paris.

An der Seite ihres Geliebten Jules Sandeau begann sie ihre Karriere als Schriftstellerin. Sie schrieb für »Le Figaro« und »La Revue des Deux Mondes«, und gemeinsam mit Sandeau brachte sie ihren ersten Roman »Rose et Blanche« heraus. Von diesem Zeitpunkt an nannte sich Amandine Aurore »George Sand«. »Sand« war dem Familiennamen ihres Geliebten entlehnt, und »George« ging auf das Wort »georgiques«, zu deutsch »ländlich«, zurück. Zeit ihres Lebens betonte George Sand, wie sehr verbunden sie doch dem Land und dem Volk sei, schließlich war ihr Großvater mütterlicherseits Vogelhändler. Auf der Seite des Vaters fand sich übrigens auch Adel im Stammbaum.

Noch bevor die Zweite Republik scheiterte, zog sich George Sand nach Nohant auf ihr Landgut zurück. Es folgte eine kreative Schaffensperiode: Ihr erster Roman »Indiana« war bereits ein großer Erfolg, »Valentine« und »Lélia« folgten in kurzem Abstand. Letzterer Roman löste einen Skandal aus – das Buch galt als durch und durch unmoralisch. Es war im Übrigen auch der erste Roman von ihr, der in einer deutschen Übersetzung erschien.

Als George Sand durch ihren schriftstellerischen Erfolg finanziell abgesichert war, holte sie ihre beiden Kinder zu sich nach Paris. Schon damals war es für eine alleinerziehende Mutter schwierig, Beruf und Kinder unter einen Hut zu bringen. So schrieb sie in einem ihrer Briefe: »… wenn ich mit meinen Kindern zusammen war, wünschte ich, nur für sie und mit ihnen zu leben …« Tagsüber ging sie mit den Kindern spazieren, und erst nachts, wenn die Kleinen schliefen, fand sie die Ruhe zum Schreiben.

Im Schlusskapitel ihrer »Geschichte meines Lebens« schloss sie Frieden mit ihrem Schicksal: »Ich hatte in dieser ganzen Periode meines Lebens kein Glück besessen – es gibt für niemanden Glück. Aber ich hatte glückliche Augenblicke, das heißt mancherlei Freuden in der Mutterliebe, in der Freundschaft, im Denken und Träumen. Und das war genug, um dem Himmel zu danken …« Als George Sand am 8. Juni 1876 starb, hinterließ sie ein umfangreiches Werk und über vierzigtausend Briefe.

Sabayon froid à la George Sand

Zutaten:

180 g Zucker
Saft von 1 Zitrone
1 EL Weizenmehl
8 Eier, leicht verquirlt
1 Flasche Moselwein
6 Blatt Gelatine, eingeweicht
1 kräftiger Schuss Jamaika-Rum
Mandelöl

Zubereitung:

In einer Schüssel im Wasserbad den Zucker mit dem Zitronensaft gründlich verrühren. Das Mehl und die Eier unterrühren. Den Wein – bis auf ein halbes Glas – in winzigen Mengen zugießen und dabei die Masse ununterbrochen mit dem Schneebesen schlagen. Beginnt sie schaumig zu werden, die ausgedrückte Gelatine einarbeiten und den Weinschaum (den Sabayon) mit einem kräftigen Schuss Rum aromatisieren. Sobald der Weinschaum bindet (schaumig-fest wird), aus dem Wasserbad nehmen und zum Abkühlen den restlichen Wein esslöffelweise einarbeiten. Den Weinschaum weiter schlagen, bis er vollkommen abgekühlt ist.

Eine flache Form oder kleine Souffléformen mit Mandelöl ausstreichen und den Weinschaum einfüllen. Zum Durchkühlen in den Kühlschrank stellen. Zum Servieren den Sabayon auf eine Servierplatte beziehungsweise Portionsteller stürzen.

Hermann Fürst von Pückler-Muskau
(1785–1871)

Fürst-Pückler-Eis

Hermann Fürst von Pückler-Muskau wurde am 30. Oktober 1785 auf Schloss Branitz bei Cottbus geboren. Seine Mutter war zu dieser Zeit gerade fünfzehn Jahre alt, sein Vater knapp dreißig. Die Ehe konnte kaum als glücklich bezeichnet werden, Streit und Zank waren an der Tagesordnung.

Hermann wuchs in der Obhut einer Amme auf Gut Muskau in einem wahren Paradies auf; allein der Garten war 600 Hektar groß, der Gesamtbesitz umfasste nicht weniger als 550 Quadratkilometer und 36 Dörfer. Mit sieben Jahren kam der Knabe in das Internat der Herrnhuter Brüdergemeinde in Uhyst bei Bautzen, mit zwölf Jahren auf das damalige Pädagogium in Halle. Im Jahre 1801 nahm der junge Pückler in Leipzig das Studium der Jurisprudenz auf. Doch die Lust am Lernen ließ bald nach, viel leichter lebte es sich bei geselligen Spielrunden mit Freunden. Was kam, war vorherzusehen: Pückler war gerade siebzehn Jahre alt, als er aus Leipzig fliehen musste. Die Schulden waren ihm über den Kopf gewachsen, seine Ausgaben überstiegen bei weitem den Geldbetrag, den er von zu Hause erhielt.

In Dresden trat er in das sächsische Garde du Corps ein. Doch nicht nur die Mitgliedschaft in diesem elitären Kavallerieregiment zehrte an seiner Apanage, auch sein ausschweifendes Leben verschlang Unsummen für Bordellbesuche und Casinoabende. Nach

nur zwei Jahren musste er erneut das Weite suchen – zu tief stand er in der Kreide.
Es zog ihn nach Wien. Doch auch hier blieb er nur kurze Zeit, nach einem Streit mit dem Sohn des Reichskanzlers musste er die Stadt verlassen. Nun wurde seinem Vater der Lebenswandel des Filius zu bunt, und er drehte den Geldhahn zu. Pückler reiste daraufhin als Bettelprinz durch die Lande. Erst der Tod des Vaters im Jahre 1811 machte der finanziellen Durststrecke ein Ende: Pückler erbte neben dem väterlichen Gut ein beträchtliches Vermögen. Doch auch diesmal war das Glück nicht von Dauer: Die napoleonische Armee beschlagnahmte auf dem Rückzug von ihrem gescheiterten Russland-Feldzug kurzerhand den Familienbesitz.

Fürst von Pückler schloss sich daraufhin den preußischen und russischen Verbündeten an und kämpfte als Offizier gegen Napoleon.

Bei einer Reise durch England wenig später entdeckte er eine neue Leidenschaft. Überwältigt von den Gärten, die er dort sah, wollte er sich künftig der Kunst des Gartenbaus widmen und sein Gut Muskau in einen riesigen Privatpark verwandeln. Er versetzte im wahrsten Sinne des Wortes Berge, ließ Dörfer verschwinden, Seen anlegen und der Neiße ein neues Bett graben.

Doch wie so oft in seinem Leben verschlang auch diese Leidenschaft mehr Geld, als sein Vermögen hergab. Solcherlei Schwierigkeiten ließen sich am wirkungsvollsten an der Seite einer wohlhabenden Frau überwinden. Also begab sich Fürst Pückler auf Freiersfüße. Es dauerte nicht lange, da lernte er die Tochter des preußischen Staatskanzlers von Hardenberg, Lucie, geschiedene Gräfin Pappenheim, kennen und lieben. Im Jahre 1817 schlossen die beiden den Bund fürs Leben. Lucie war begeistert von Pücklers gärtnerischem Geschick und unterstützte ihn mit allem, was ihr zur Verfügung stand. Während ihr Mann sich seinen gärtnerischen Vorhaben widmete, kümmerte sich Lucie um das leibliche Wohl ihres Mannes. Aus dieser Zeit, so heißt es, ist ein Dessert in die Annalen der Kochkunst eingegangen, das sie zusammen mit ihrem Koch und Konditor Schulz kreiert hat: das Fürst-Pückler-

Eis. Zuständig für das Arrangement der Eisbombe, der Grundform eines Ordens aus dem Hause Pückler nachempfunden, war Fürst Pückler höchstpersönlich.

Knapp zehn Jahre lebte das Ehepaar auf Gut Muskau und widmete sich voller Hingabe der Gestaltung des Parks. Doch dann ging auch das Vermögen zur Neige, das Lucie in die Ehe eingebracht hatte. Das Paar musste neue Quellen erschließen und verfolgte zu diesem Zweck eine Idee, die allen Konventionen widersprach: Sie wollten sich scheiden lassen, und Fürst Pückler sollte noch einmal heiraten, reich heiraten, selbstverständlich. Dieser Schachzug sollte das weitere Leben der beiden absichern. Gesagt, getan: 1826 wurde die Ehe geschieden. Doch was in der Theorie bestechend klang, erwies sich in der Praxis als überaus schwierig. So war Pückler mehr als drei Jahre lang in England, Frankreich, Griechenland, Kleinasien, Ägypten und Malta unterwegs auf der Suche nach der passenden Frau, doch das Ergebnis war gleich null. Einzig die Flut an Briefen, die Pückler an seine Frau schrieb, blieb aus dieser Zeit. Lucie redigierte diese Briefe und ließ sie unter dem Titel »Briefe eines Verstorbenen« in vier Bänden veröffentlichen – einer der größten literarischen Erfolge des 19. Jahrhunderts.

Kurz vor der Rückkehr aus Kairo sah der knapp Fünfzigjährige auf dem Sklavenmarkt ein dreizehn Jahre altes abessinisches Mädchen – Liebe auf den ersten Blick erfasste Pückler. Er kaufte das Mädchen, brachte es in die Lausitz und schickte es auf ein Internat, um die europäische Lebensart zu erlernen. Doch Pücklers vermeintliches Liebesglück währte nicht lange. Das junge Mädchen erkrankte an Schwindsucht und starb am 29. Oktober 1840. Pückler fiel in tiefe Trauer und verbrachte die Tage schluchzend am Totenbett seiner Geliebten.

Immer noch hoch verschuldet, beschloss er 1845, Gut Muskau zu verkaufen. Er und Lucie zogen auf Schloss Branitz. Auch dort ging Fürst Pückler seiner gärtnerischen Leidenschaft nach: Er verwandelte die Außenanlagen des Schlosses in einen wunderschönen Landschaftsgarten, den man noch heute bewundern kann.

In einem künstlich angelegten See ließ er eine Pyramide als Reminiszenz an seine Ägypten-Reise errichten. In dieser Pyramide fanden er und seine Frau Lucie, die er um siebzehn Jahre überlebte, ihre letzte Ruhe. Hermann Fürst von Pückler-Muskau wurde im Februar 1871 zu Grabe getragen.

Fürst-Pückler-Eis

ZUTATEN:

600 g Schlagsahne
30 g Datteln, sehr fein zerkleinert
1 EL grob gehackte Pistazien
Maraschino (Kirschlikör)
20 g Sauerkirschen, fein zerkleinert
60 g Läuterzucker (Zuckersirup)
2 kleine bittere Makronen, fein zerkleinert
50 g Schokoladenkuvertüre
1 Prise Vanillezucker

ZUBEREITUNG:

Die Sahne sehr steif schlagen und für die verschiedenen Eisfarben in drei Portionen teilen.

WEISSES EIS: Die Datteln und die Pistazien unter die Sahne heben. Nach Belieben mit Maraschino abschmecken.

ROTES EIS: Die Sauerkirschen und die Makronen in die Hälfte des Läuterzuckers rühren und die Mischung unter die Sahne rühren. Nach Belieben mit Maraschino abschmecken.

SCHOKOLADENEIS: Die Kuvertüre im Wasserbad auflösen und mit dem restlichen Läuterzucker verrühren. Die Mischung mit der Sahne vermengen und mit Vanillezucker abschmecken.

Die verschiedenen Eissorten lagenweise in eine rechteckige Form füllen, dabei jede Schicht einzeln gefrieren lassen. Die fertig gefüllte Form 2 bis 3 Stunden ins Tiefkühlgerät stellen.

Zum Servieren das Eis aus der Form stürzen und in etwa 1,5 bis 2 cm dicke Scheiben schneiden.

Victoria Königin von England
(1819–1901)

Nusscreme Queen Victoria

Als »Großmutter Europas« ging Königin Victoria in die Geschichte ein – ihre 29 Enkelkinder hatten allesamt in europäische Königshäuser eingeheiratet. Wohl nie zuvor und nie danach gab es einen Monarchen mit einem vergleichbar großen Einfluss.

Victoria erblickte als Tochter des Herzogs Edward von Kent und der deutschen Prinzessin Marie Louise Victoria von Sachsen-Coburg-Gotha das Licht der Welt. Edward von Kent war der vierte Sohn des englischen Königs George III. Niemand ahnte zu diesem Zeitpunkt, dass Victoria dereinst Kronprinzessin sein würde. Nur acht Monate nach ihrer Geburt verstarb zuerst der Großvater, dann der Vater, 1827 der Herzog von York und 1830 König Georg IV. Und nicht nur William IV., der als Nächster den Thron bestieg, blieb kinderlos, sondern auch seine beiden Brüder – Victoria rückte in der Thronfolge Stufe um Stufe nach oben. 1837 wurde sie zur Königin gekrönt; ihre Regierungszeit währte mehr als sechzig Jahre – bis auf den heutigen Tag regierte kein britischer Monarch länger als sie.

Zwar hatte die junge Frau eine Erziehung genossen, wie sie auch andere höhere Töchter bekamen, doch zur Königin war sie nicht ausgebildet worden. In einem ihrer Tagebücher findet sich die Bemerkung, man habe ihr zwar vieles, aber nichts davon gründlich beigebracht.

Ihre Regierungszeit, das »Victorianische Zeitalter«, war eine Epoche großer Umbrüche. Industrie und der Handel nahmen einen rasanten Aufschwung, 1851 präsentierte sich England bei der ersten Weltausstellung in London als führende Wirtschaftsnation der Welt. Das britische Weltreich erstreckte sich über alle fünf Kontinente und umfasste ein Fünftel der Erde: Victoria war die mächtigste Frau aller Zeiten. Verheiratet war sie seit 1840 mit ihrem gleichaltrigen Cousin Albert von Sachsen-Coburg-Gotha. Obschon anfangs eine von dynastischen Interessen bestimmte »Muss-Ehe«, entwickelte sich die Beziehung schon bald zu einer »Liebes-Ehe«. Die fröhliche und lebenslustige, aber durchaus zu Wutanfällen neigende Königin hatte in dem ruhigen, moralisch-konservativen Albert den idealen Lebenspartner gefunden. Ihr gemeinsames Leben gründete auf der Liebe zur Familie, zur Natur und zur Musik. Ebenso legendär ist Victorias Vorliebe für Tee mit Rum oder Whisky und süße Puddings.

Nach der Eheschließung bestimmte Albert die politischen Aktivitäten des Königshauses. Er führte strenge moralische Maßstäbe für das höfische Leben ein und tarierte die Gewichte der konstitutionellen Monarchie neu. Die Krone gewann höchstes Ansehen und wurde populär wie kaum jemals zuvor. Victoria bewunderte und liebte ihren Mann uneingeschränkt. Der frühe Tod Alberts am 14. Dezember 1861 stürzte Victoria in unsagbare Trauer. Sie zog sich jahrelang in die Isolation zurück, ihre Beliebtheit und ihr Ansehen beim Volk nahmen zusehends ab. Nur noch zweimal ließ sie sich im Laufe der nächsten Jahrzehnte vom Volk bejubeln: 1876 anlässlich ihrer Krönung zur Kaiserin von Indien und 1887 zur Feier ihres goldenen Thronjubiläums.

Ihr inniges Verhältnis zu ihren Kindern und Enkelkindern bewahrte sie bis zu ihrem Tod: Am 22. Januar 1901 starb sie in Osborne House auf der Insel Wight im Kreise ihrer Lieben. Beigesetzt wurde sie im Mausoleum von Frogmore.

Nusscreme Queen Victoria

ZUTATEN:

100 g Haselnusskerne
150 g Puderzucker
5 Eigelb
1/4 l Milch
5 Blätter weiße Gelatine, eingeweicht
1 Gläschen Grand Marnier
1/4 l Schlagsahne, steif geschlagen
1 Prise Salz
1 EL Mandelöl
Schlagsahne zum Garnieren

ZUBEREITUNG:

Zum Entfernen der braunen Häutchen die Haselnüsse auf einem Backblech im Ofen rösten, dabei mehrmals wenden, bis sie bräunlich sind. Die Nüsse mit einem Tuch abreiben, damit sich die Haut löst.

Die abgekühlten Haselnüsse fein mahlen und im Wasserbad mit dem Puderzucker, der Milch, den Eigelben, der ausgedrückten Gelatine und dem Grand Marnier erhitzen. Die Masse dabei ständig mit einem Schneebesen kräftig schlagen und darauf achten, dass sie nicht zum Kochen kommt. Sobald eine dickliche Creme entsteht, aus dem Wasser nehmen und weiter schlagen, bis sie abgekühlt ist. Etwas Salz zugeben und die Sahne unterziehen.

Auflauf- oder Souffléförmchen mit Mandelöl ausstreichen, die Creme einfüllen und ein paar Stunden kalt stellen.

Zum Servieren die Creme aus den Förmchen auf kleine Teller stürzen und mit Schlagsahne garnieren. (Zum Garnieren am besten eine Spritztüte verwenden.)

Brillat-Savarin

Jean Anthelme Brillat-Savarin
(1755–1826)

Ringkuchen Savarin

Beim Bordeaux bedenkt, beim Burgunder bespricht und beim Champagner begeht man Torheiten.«

»Ein echter Feinschmecker, der ein Rebhuhn verspeist hat, kann sagen, auf welchem Bein es zu schlafen pflegte.«

»Ein gutes Essen ohne Käse ist wie eine einäugige Schönheit.«

»Die Entdeckung eines neuen Gerichts bringt den Menschen mehr Freude als die Entdeckung eines neuen Planeten.«

Jean Anthelme Brillat-Savarin gehört bis heute zu den am häufigsten zitierten Gastrosophen. Sein Hauptwerk »Physiologie du goût« (Physiologie des Geschmacks) wurde in viele Sprachen übersetzt und zählt nach wie vor zu den Standardwerken der Gastrosophie. Das Buch vereint auf humorvolle, aber durchaus ernst zu nehmende Art und Weise wissenschaftliche Erkenntnis und Kochkunst. Hervorgegangen aus diesem Buch ist unter anderem die Unterscheidung zwischen Gourmand (Schlemmer) und Gourmet (Feinschmecker).

Jean Anthelme Brillat-Savarin wurde am 1. April 1755 in der kleinen Stadt Belley im französischen Jura geboren. Sieben jüngere Geschwister folgten. Schon der Vater und der Großvater hatten Jura studiert, der junge Jean Anthelme schloss sich dieser Tradition an. Da er ein vielseitig begabter junger Mann war, hörte er auch Vorlesungen in Medizin und Chemie. Zeit seines Lebens beschäftigte ihn die Wirkung chemischer und physikalischer Gesetze auf die Kochkunst. Unter anderem empfahl er Schokolade als gesundes Nahrungsmittel gegen Müdigkeit und die Folgen übermäßigen Alkoholgenusses. Erst lange Zeit nach ihm entdeckte die Medizin die förderliche Wirkung der magnesiumhaltigen Delikatesse.

Nach seinem Studium ließ sich Brillat-Savarin als Rechtsanwalt in seiner Heimatstadt Belley nieder. Im Jahre 1792 wurde er dort zum Bürgermeister gewählt. Die Französische Revolution überlebte er durch seine Flucht ins schweizerische Lausanne. Von dort konnte er, mit einem gefälschten Pass, über Deutschland und Rotterdam mit dem Schiff in die USA reisen.

Drei Jahre blieb der junge Anwalt in New York. Seinen Lebensunterhalt verdiente er als Sologeiger im »The John Street Theatre«. Im Herbst des Jahres 1799, nach dem Staatsstreich des 18. Brumaire, wurde Brillat-Savarin Richter am französischen Kassationshof, ein Amt, das er mehr als fünfundzwanzig Jahre lang ausübte. Doch ließ ihm diese Tätigkeit offenbar genug Zeit, sich der Kochkunst zu widmen und seine Leidenschaft in Worte zu fassen. Bis heute unvergleichlich gut und empfehlenswert ist der Ringkuchen Savarin, erdacht und ausgeführt vom Meister persönlich.

Brillat-Savarin wird nachgesagt, dass er die gutbürgerliche Küche den kulinarischen Köstlichkeiten, die er in all seinen Büchern beschrieb, vorzog. Diesen Widerspruch erklärte er lapidar mit dem Wunsch: »Ich möchte mein Leben verlängern.«

Das wurde ihm wie allen Sterblichen nicht auf ewig erfüllt: Am 2. Febraur 1826 starb Jean Anthelme Brillat-Savarin siebzigjährig an den Folgen einer Lungenentzündung. Er wurde in Paris auf dem Friedhof Père Lachaise beigesetzt.

Ringkuchen Savarin

Zutaten:

Für den Teig:

350 g Mehl
15 g frische Hefe
1/8 l Milch, 100 g Zucker, 2 Eier
1 Päckchen Vanillezucker
100 g Butter
Butter für die Form

Für die Füllung:

200 g Zucker
2 Gläschen Zwetschgenwasser
1 Gläschen Maraschino (Kirschlikör)
750 g gedünstete entkernte Zwetschgen
1/8 l Schlagsahne

Zubereitung:

Das Mehl in eine Rührschüssel geben, in die Mitte eine Mulde drücken und die Hefe hineinbröckeln. Die Hefe mit etwas Milch, 1 Teelöffel Zucker und etwas Mehl zu einem flüssigen Vorteig verrühren und diesen 30 Minuten zugedeckt gehen lassen.

Den Vorteig mit den restlichen Teigzutaten – außer der Butter für die Form – zu einem lockeren, weichen Hefeteig verarbeiten. Den Teig kräftig kneten und 30 Minuten gehen lassen. Inzwischen den Backofen auf 200 °C vorheizen.

Zwei kleine Savarinformen (oder eine größere Ringform) dick mit Butter einfetten. Die Formen nur halbhoch mit Teig füllen und diesen nochmals an einem zugfreien Platz gut gehen lassen. Die Ringkuchen im vorgeheizten Ofen 30 bis 35 Minuten goldgelb backen. Die Kuchen etwas abkühlen lassen, dann aus der Form stürzen.

Für die Füllung den Zucker in 350 Milliliter Wasser 5 Minuten kochen, bis er sich vollkommen aufgelöst hat. Vom Herd nehmen. Zwetschgenwasser und Maraschino einrühren. Die Kuchen von oben her mehrmals mit einem Hölzchen einstechen und mit der Zucker-Spirituosen-Mischung tränken. Jeweils in die Mitte des Kuchenrings die gedünsteten Zwetschgen füllen und mit einem Häubchen steif geschlagener Sahne garnieren.

Franz Sacher
(1816–1907)

Sachertorte

Ein Tag im Jahre 1832: Im Hause des österreichischen Staatskanzlers Fürst Metternich hatte sich überraschend Besuch für das abendliche Diner angesagt. An sich nichts Besonderes, Fürst Metternich konnte sich auf seine Köche verlassen. An diesem Tag aber verlangte der Hausherr nach einer außergewöhnlichen Nachspeise – er wollte seinen Gästen ein neues Dessert anbieten. Wie es der Zufall wollte, lag der Chef der Patisserie krank im Bett, und keiner der Köche wollte den heiklen Auftrag übernehmen. Also wurde der Küchenjunge in die Pflicht genommen. Der hatte am wenigsten zu verlieren …

Besagter Küchenjunge war zu jener Zeit sechzehn Jahre alt und hieß Franz Sacher. Er experimentierte den ganzen Tag über mit Schokolade und Teig und präsentierte am Abend eine aus der Not geborene Kreation, die als Sachertorte in die Annalen der Kochkunst einging und den Namen Franz Sacher weltberühmt machte – doch das ahnte damals noch niemand.

Franz Sacher wurde 1816 in Wien geboren. Bereits mit fünf Jahren, so heißt es, habe er alle Kräuter, die damals in der Küche üblich waren, am Geschmack erkannt. So erstaunte es auch niemanden, dass sich Franz mit vierzehn Jahren entschloss, eine Ausbildung zum Küchenmeister anzutreten. Er kam als Lehrling bei Fürst Metternich unter, dessen Küche einen exquisiten Ruf genoss. Die Lehre schloss der junge Mann mit Bravour ab. Es folgten Jahre in Budapest und Pressburg, sogar am Hofe des Zaren in Sankt Petersburg konnte er seine »Sachertorte« präsentieren.

Im Jahre 1840 heiratete Franz. Über die genauen Umstände ist wenig bekannt, nur so viel: Rosa, seine Frau, war die Liebe seines Lebens. Sie setzten vier Kinder in die Welt, drei Söhne und eine Tochter, die jedoch früh an Cholera verstarb.

Acht Jahre nach der Hochzeit kehrten Franz und Rosa Sacher mit ihren Kindern nach Wien zurück, um in der Weihburggasse 4 einen Delikatessenladen zu eröffnen.

Die drei Söhne, Franz junior, Eduard und Carl, traten in die Fußstapfen ihres Vaters. Franz übernahm das Delikatessengeschäft, Eduard eröffnete 1864 ein Restaurant, und Carl fand sein Glück in Baden bei Wien, wo er im Jahre 1881 ein Hotel eröffnete. Auf Dauer erfolgreich waren allerdings nur Eduard und Carl. Franz, der Älteste, der den florierenden Delikatessenladen seines Vaters übernommen hatte, trieb das Geschäft bald in den Ruin. Es war der zweitgeborene Sohn, Eduard, der den Ruf der Familie in Wien rettete: 1876 eröffnete er in der Nähe der Oper, in der Augustinerstraße, ein Grandhotel samt Café und Restaurant: das »Sacher-Hotel«. Der kulinarische Mittelpunkt des Unternehmens, das bis heute fortbesteht, war die Erfindung des Vaters: die Original Sacher-Torte.

Vier Jahre nach der Eröffnung seines Hotels heiratete Eduard Anna Fuchs. Anna war sechzehn Jahre jünger als Eduard und Tochter eines Metzgers – eine resolute, kräftige Person, die zupacken konnte, fleißig war und das Herz am rechten Fleck hatte. Sie rauchte dicke Zigarren und liebte ihre Bulldoggen, die sie auf Schritt und Tritt begleiteten. Fast fünfzig Jahre lang führte sie die Geschicke des Hotels und machte es zu einer Wiener Institution.

Der einzige Sohn, der aus der Ehe von Anna und Eduard hervorging, Eduard jr., wurde enterbt: Man warf ihm vor, das Originalrezept der Sachertorte an das konkurrierende Konditorenhaus Demel verkauft zu haben. Lange Zeit herrschte Streit darüber, wer das Originalrezept und das Namensrecht besitzt. Das Hotel Sacher versieht ihre Original Sacher-Torte mit einem runden Siegel und der Aufschrift »Hotel Sacher Wien«, die Konditorei Demel hingegen verwendet ein dreieckiges Siegel mit der Aufschrift »Eduard-Sacher-Torte«.

Der Erfinder der Sachertorte, Franz Sacher sen., bekam von diesem Streit nichts mehr mit, er starb 1907 im Alter von 91 Jahren. Das Rezept seiner Torte ist bis heute ein streng gehütetes Geheimnis.

Sachertorte

ZUTATEN:

130 g Blockschokolade
130 g Butter, sehr weich, aber nicht zerlassen
110 g Puderzucker
1 Päckchen Vanillezucker
6 Eigelb
6 Eiweiß
110 g Kristallzucker
130 g Mehl
1 TL Backpulver
Butter und Backpapier für die Form
Marillenmarmelade (Aprikosenkonfitüre)

FÜR DIE GLASUR:

200 g Zucker
150 g Schokolade

ZUBEREITUNG:

Die Schokolade im Wasserbad schmelzen und abkühlen lassen, sodass sie lauwarm, aber noch flüssig ist.

Butter, Puderzucker und Vanillezucker in einer Schüssel schaumig rühren. Mit dem Schneebesen die Eigelbe nach und nach einarbeiten, anschließend die Schokolade unterrühren. Das Eiweiß mit dem Kristallzucker sehr steif schlagen und vorsichtig mit dem Kochlöffel unter den Teig heben. Das Mehl und das Backpulver mischen und in kleinen Portionen in den Teig sieben und vorsichtig einarbeiten, bis ein glatter, cremiger Teig entstanden ist.

Den Boden einer Springform (Durchmesser 24 cm) mit dick eingefettetem Backpapier auslegen. Den Teig einfüllen und die Oberfläche glatt streichen. Die Form auf die unterste Schiene des Backofens stellen und bei 180 °C etwa 45 bis 55 Minuten backen.

Während der ersten 12 bis 15 Minuten die Ofentür einen fingerbreiten Spalt offen lassen, damit der Teig sich heben und ganz leicht wölben kann, aber sich noch keine Kruste bildet. Vor dem Herausnehmen unbedingt eine Garprobe machen: Die Torte ist ausgebacken, wenn man bei Fingerdruck einen leichten Widerstand spürt oder wenn an einem eingestochenen Holzstäbchen kein Teig haftet.

Die fertige Torte samt Form auf ein Kuchengitter stürzen und 10 Minuten abkühlen lassen. Aus der Form nehmen und das Backpapier abziehen. Die noch warme Torte mit der leicht erwärmten, glatt verrührten Marmelade dick bestreichen. Die Torte auskühlen lassen.

Für die Glasur den Zucker mit einem Achtelliter Wasser 5 bis 6 Minuten aufkochen lassen. Vom Herd nehmen und etwas abkühlen lassen. Inzwischen die Schokolade im Wasserbad schmelzen und nach und nach in die noch warme Zuckerlösung einrühren, bis eine dickflüssige, glatte Glasur entsteht. Lässt man die fertige Glasurmasse über den Kochlöffel laufen, soll dieser etwa 4 mm dick bedeckt bleiben. Die fertige, lippenwarme Glasur in einem einzigen Guss über die Torte gießen und mit einer Palette zügig mit zwei, drei Strichen auf der Oberfläche und rundum an den Seiten verstreichen. Die glasierte Torte vorsichtig auf eine Tortenplatte setzen und einige Stunden ruhig stehen lassen, damit die Glasur sich ohne Risse verfestigt.

Zum Servieren die Torte in 16 gleich große Stücke schneiden. Um Risse oder Sprünge in der Glasur zu vermeiden, ein großes scharfes Messer vor jedem Schnitt in kochend heißes Wasser tauchen.

Tipp: Traditionell wird Sachertorte mit reichlich Schlagsahne gereicht.

Sarah Bernhardt
(1844–1923)

Sarah-Bernhardt-Törtchen

Als »göttliche Sarah« ging die Schauspielerin Sarah Bernhardt in die Geschichte ein. Unsterblich wurde sie durch den österreichischen Jugendstilkünstler Alfons Mucha. Er schuf die üppig umrahmten Theaterplakate, die für die Auftritte der großen Schauspielerin warben. Später entwarf er auch ihre Kostüme, den Schmuck und die Requisiten.

Auch den Schriftsteller Klaus Mann zog die begnadete Schauspielerin in ihren Bann. In seinem Buch »Der amerikanische Traum« beschrieb er Sarah Bernhardts erste Tournee durch die Vereinigten Staaten und schuf zugleich das vielschichtige Porträt einer »außergewöhnlichen« Frau, deren Leben durchaus gewöhnlich begann.

Als uneheliches Kind der holländischen Putzmacherin Judith van Hard kam Sarah am 22. Oktober 1844 in Paris zur Welt. Ursprünglich hieß sie Henriette Rosine. Mit acht Jahren gab man sie in ein Mädchenpensionat in Auteuil. Zwei Jahre später wechselte sie auf die Klosterschule Grandchamps in Versailles.

Finanziell unterstützt wurden Mutter und Tochter durch den Duc de Morny, den Geliebten der Mutter. Dank seiner Beziehungen zur »Comédie Française« gelangte Henriette Rosine auf die Bretter, die die Welt bedeuten. Ihr Theaterdebüt gab sie im August 1862. Von diesem Zeitpunkt an nannte sie sich Sarah Bernhardt. Sie spielte die Iphigenie in Racines gleichnamigem Werk. Der große Erfolg wollte sich indes noch nicht recht einstellen.

Nach einem Engagement in Brüssel kehrte Sarah schwanger nach Paris zurück und gebar am 22. Dezember 1864 ihren Sohn Maurice. Es sollte ihr einziges Kind bleiben. Der Vater, Fürst Henri de Ligne, liebte Sarah zwar aufrichtig und wollte sie heiraten. Doch seine Familie zeigte sich diesen Plänen gegenüber wenig aufgeschlossen und verweigerte der unstandesgemäßen Ehe ihren Segen – sollte Henri seinen Heiratsabsichten nicht abschwören, drohte man ihm mit dem Entzug seines Erbteils. Henri zeigte sich diesem Druck auf Dauer aber nicht gewachsen und verließ Sarah und ihren gemeinsamen Sohn.

Verbissener denn je verfolgte Sarah daraufhin ihre weitere Karriere. Ab 1869 spielte sie am Théâtre de l'Odéon. Mit der Komödie »Le Passant« von François Coppée feierte sie ihren ersten großen Erfolg. Auch an die Comédie Française kehrte sie zurück. Wo sie einst nur mit mittelmäßigen Rollen bedacht worden war, spielte sie nun ausschließlich Hauptrollen. Weithin gerühmt wurden ihre außergewöhnliche Stimme, ihr Temperament und die Anmut, mit der sie sich auf der Bühne bewegte. Ab 1879 unternahm sie mit einer eigenen Schauspieltruppe Gastspielreisen durch Europa, und schon im Folgejahr begab sie sich auf eine Tournee durch fünfzig US-Städte. Nahezu ein halbes Jahr war sie unterwegs, das Publikum bejubelte sie als »Kameliendame« in dem gleichnamigen Stück von Alexandre Dumas dem Jüngeren. Dank ihrer knabenhaften Figur konnte Sarah Bernhardt auch Männerrollen spielen. Für ihre Darstellung des Hamlet und des Herzogs von Reichstadt wurden ihr stehende Ovationen dargebracht.

Unterdessen lernte sie den griechischen Attaché Jacques Damala kennen. Am 4. April 1882 schlossen sie in London den Bund fürs Leben. Dass Jacques stark morphiumabhängig und dem Glücksspiel verfallen war, tat der Liebe keinen Abbruch. Doch kurze Zeit später musste Sarah bitter für ihr Vertrauen bezahlen: Jacques Damala verließ sie völlig überraschend.

Was Sarah all die Zeit nicht hatte wahrhaben wollen, wurde ihr nun drastisch vor Augen geführt: Jacques' Spielleidenschaft hatte ihr gemeinsames Pariser Theater in den Bankrott geführt.

Nach dieser Enttäuschung verließ Sarah Bernhardt Paris und startete eine Tournee, die sie auf alle bedeutenden Bühnen der Welt führte. Damit avancierte sie zur meistgefeierten Schauspielerin der Jahrhundertwende.

1915 zwang eine harmlos scheinende Knieverletzung die Schauspielerin zu einer Pause. Auf ärztlichen Rat wurde das Bein eingegipst und ruhig gestellt. Nach einiger Zeit jedoch begann das Gewebe abzusterben, und die Ärzte fanden trotz aller Bemühungen kein Gegenmittel. So musste das Bein unterhalb der Hüfte amputiert werden. Sarah Bernhardt ließ sich in ihrer Schaffenskraft davon allerdings nicht beeinträchtigen, bis zu ihrem Tod am 26. März 1923 stand sie auf der Bühne.

Man sah es ihr nicht an – dennoch galt Sarah Bernhardt zeit ihres Lebens als erfindungsreiche und talentierte Köchin, die gern Neues ausprobierte. Großer Beliebtheit erfreuten sich die Sarah-Bernhardt-Törtchen, die bis heute einen Stammplatz in den Konditoreien behaupten.

Sarah-Bernhardt-Törtchen

ZUTATEN:

125 g Zucker
125 g gemahlene Mandeln
Saft und abgeriebene Schale von 1/2 Zitrone
2 Eiweiß
1 Packung Schokoladenglasur

FÜR DIE BUTTERCREME:

150 g Butter
3 Eigelb
120 g Puderzucker
etwas kalte Milch

ZUBEREITUNG:

Bei mittlerer Hitze in einem Topf den Zucker, die Mandeln sowie den Zitronensaft und die Zitronenschale verrühren, bis sich der Teig zusammenballt. Etwas abkühlen lassen. Das Eiweiß sehr steif schlagen und unter den lauwarmen Teig heben.

Auf ein mit Backpapier ausgelegtes Kuchenblech Teighäufchen in Makronenform setzen und bei 150 °C etwa 30 Minuten hellgelb backen. Zum Abkühlen auf ein Kuchengitter setzen.

Für die Buttercreme die Butter schaumig rühren und abwechselnd Eigelb und Puderzucker unterziehen sowie tropfenweise etwas Milch zugeben. Das Ganze so lange schlagen, bis eine dicke, schaumige Creme entstanden ist. Die Creme abkühlen lassen.

Die Schokoladenglasur nach Anweisung auf der Packung schmelzen. Auf jede Makrone einen Klecks Buttercreme setzen und mit Schokoladenglasur überziehen.

Mein besonderer und herzlicher Dank
gilt meiner Mutter Martha Schad, die mir sehr beim Zustandekommen dieses Buches geholfen hat. Ebenfalls will ich Horst Schad für sein Engagement danken. Danke sagen möchte ich meiner »Kochtruppe«, Jessica Sälzer, Dana Burth, Isabelle Riedmann, Ute Wohlfarth, Kirsten Kittelberger und Steffi Hempel. Sie haben mit mir in heiteren Kochrunden die historischen Rezepte ausprobiert. Ein Danke auch für die fachliche Beratung der Konditorei Sommer in Reutlingen, insbesondere Andreas und Uschi Sommer.

Die Autorin
Annette Epp, geboren 1967 in Augsburg, Studium der Rechtswissenschaften an der Universität Augsburg, Volontariat bei Rundfunk und Fernsehen; Moderatorin und Redakteurin bei einem RTL-Regionalfenster. Lebt als freie Autorin mit ihrem Mann und ihren beiden Kindern in Reutlingen.

Bildnachweis
S. 12: ullstein – AKG Pressebild; S. 15: ullstein – ullstein bild; S. 16: ullstein – ullstein bild; S. 22: ullstein – ullstein bild; S. 26: ullstein – ullstein bild; S. 32: akg-images; S. 36: ullstein – Jüdisches Museum Berlin; S. 40: ullstein – keystone; S. 46: ullstein – keystone; S. 50: Germanisches Nationalmuseum Nürnberg; S. 54: Bircher-Benner-Archiv, Medizinhistorisches Institut, Universität Zürich; S. 60: public domain; S. 66: akg-images; S. 70: ullstein – ullstein bild; S. 74: ullstein – Archiv Gerstenberg; S. 78: ullstein – ullstein bild; S. 82: ullstein – ullstein bild; S. 88: akg-images; S. 92: ullstein – Poss; S. 96: ullstein – ullstein bild; S. 102: ullstein – ullstein bild; S. 108: ullstein – Interfoto Rauch; S. 112: ullstein – Archiv Gerstenberg; S. 118: ullstein – ullstein bild; S. 124: akg-images; S. 130: ullstein – ullstein bild; S. 136: Kommunalarchiv Minden, Bildsammlung, D / Davidis, Henriette; S. 144: akg-images; S. 150: ullstein – ullstein bild; S. 162: ullstein – ullstein bild; S. 166: ullstein – It; S. 172: ullstein – AKG Pressebild; S. 178: ullstein – ullstein bild; S. 182: ullstein – ullstein bild; S. 188: ullstein – ullstein bild; S. 192: akg-images; S. 196: Hotel Sacher Wien; S. 202: ullstein – ullstein bild.